Dr. Bernd und Hil
Mai 2007

Loch im Labyrinth

Licht auf der Vergangenheit

Fritz Will / Kuroso
und
Ulf Dittmann

Autoren: Fritz Will / Kuroso und Ulf Dittmann
Titel: Loch im Labyrinth
Untertitel: Licht auf der Vergangenheit

Herstellung: Books on Demand GmbH
Printed in Germany
ISBN 3-8311-2919-3

Danke:

Ohne das Verständnis der Familie von Fritz, besonders seiner Frau Ilse, deren Geduld und auch deren Hilfe wäre dieses Buch sicherlich nicht zustande gekommen.
Es gibt viele, denen wir danken müssen, einigen jedoch im besonderen Maße: Fritz und Gretl Filz für ihr Interesse, ihre Unterstützung und vor allem für hervorragende Photos; Peter und Rosemarie Baumgartner dafür, dass sie immer geholfen haben, wenn der Hut brannte; Peter Vogt für die vielen Gespräche; Fritz verstorbenen Freund Nikos Kalitsounakis (Kuluras) und seiner Frau Effie für Öl und Wein; Bischof Irinaeos von Kissamos für An- und Einsichten; Peter Jungbauer und Franz Preinsdorfer von der Raiffeisenbank Laakirchen für die exzellent ausgerichteten Ausstellungen; Fritz Rechtsanwalt Georgos Tsiknakis für sein persönliches Engagement, Konsul Rolf Haug für seine unbürokratische Hilfe; Andre Otz für das Einscannen der Photos und Bilder, Andreas Wallner für die ständige technische Unterstützung zur Erstellung dieses Buchs und der kreativen Überarbeitungen der Bilder; Jun Wu aus Shanghai, weil sie Ulf's Lebensgefährtin ist und trotz der Arbeit an diesem Buch geblieben ist.

Dank auch an:
Anna Armenini, Roswitha Baduva, Friederike Baumgartner, Hans Buchstein, Fritz und Herta Feichtinger, Norbert Feichtinger, Ernst und Uli Fuchs, Margit Hietzenberger, Rudi Hörschläger, Bernhard Huber, Herbert Huber, Harald Kanis, Renate Krauss, Erich Langwiesner, Manolis und Jannis Manusakis, Claudi Meyn, Renate Moran, Susanne Neundlinger, Janine van Oyen, Karl und Gertie Odorizzi, Polidoron von Anogia, Reinhard Radner, Anton Raidl, Alfred und Gabriele Roessler, Manuela Schwankl, Georgos Spokos, Stamatis Yeles, Margot und Kurt Weigand.

Viele haben beim Zustandekommen dieses Buches beigetragen. Sie alle zu erwähnen, würde die Anzahl der Seiten beträchtlich erhöhen.
So haben die Griechen über die Jahrtausende ihre Geschichte erhalten und die Finnen ihre Sprache!

Inhaltverzeichnis

Vorwort

Im Februar 1993 fuhr ich durch die Mesara Richtung Lendas. Kurz hinter Gortis an der Straße nach Pombia stand ein Mann, der seinen Daumen in die kalte Winterluft hielt.
Seine kretischen Ziegenlederstiefel waren genauso abgewetzt wie die ehemals wahrscheinlich weiße, halbärmlige Lammfellweste, die er über seinen verwaschenen Jeansanzug trug.
Gerade hatte es zu regnen begonnen und ein böiger Wind peitschte durch die Mesara.
Ich hielt an, und ab diesem Moment überrollte mich die minoische Zeit mit solcher Urgewalt, dass Teile meines Lebens sich veränderten.
Nichts von dem, was Fritz mir in den nächsten Stunden erklärte, verstand ich. Aber ich war trotzdem so fasziniert von seiner Begeisterung, dass ich verstehen wollte!
Und so kaufte ich seine Leseanweisung zur Lesung des Diskus Band 1 und Band 2 und versuchte zu begreifen. Aber es gab tausend Fragen und als ich das nächste Mal nach Kreta kam, suchte ich Fritz, um Antworten zu erhalten.
Leider hatte ich mir bei unserer ersten Begegnung viele Notizen gemacht, aber nicht seine Adresse notiert.
Ich wusste nicht wo ich ihn suchen sollte, bis ich in dem Buchladen von Matala eine gezeichnete Porträtpostkarte entdeckte, die unzweifelhaft Fritz und eine einen anderen, ihm relativ ähnlich sehenden Mann zeigte.
Ich kaufte diese Karte, setzte mich vor die Zafiria-Bar und überlegte, was ich nun mit diesem Hinweis anfangen sollte.
„Do you have a light“?
Das Englisch des Mannes, der mich ansprach war sofort als gebeugtes“ Deutsch auszumachen und neugierig blickte ich auf.
Das Gesicht des zweiten Mannes von der Postkarte blickte mich fragend an!
Natürlich konnte Scotty mir sofort als alter Freund von Fritz sagen, wo dieser zu finden war und am nächsten Tag fuhr ich nach Agia Fotia Meta.
Ab diesem Zeitpunkt begann ein intensives Auseinandersetzen mit der Arbeit von Fritz, die irgendwann zu jenem Moment führte, in dem mir klar wurde: “So muss es gewesen sein - so ist es!“
Es waren zu viele Parallelen, die ich immer wieder feststellten konnte bei dem Vergleich mit den alten Werke der Atlantisforschung und den alten indischen Aufzeichnungen, die Fritz Erforschungen, wenn auch aus teilweise erheblich unterschiedlichen Blickrichtungen, bestätigten.

Natürlich hatte ich einige der schier zahllosen Publikationen über die Entzifferung des Diskus von Phaistos gelesen, aber hierbei waren mir stets zwei Sachlagen befremdend erschienen.
Nie wurde Phaistos als Ort und Kreta generell (der Mavri Ida speziell) in die Auswertungen mit einbezogen, ja bei vielen Autoren war sogar deutlich festzustellen, dass sie ihre Entzifferungsbemühungen schlicht aus dem heimischen Sessel heraus vorgenommen hatten, ohne sich auch nur annähernd mit den deutlich sichtbaren Spuren der minoische Zeit auseinander zu setzen.
Weiterhin wurde stets die hochentwickelte Kultur der Minoer und deren profundes Wissen über Astronomie und Mathematik behandelt, als sei dies alles nur aufgrund einer vorzeitlichen Entwicklungshilfe aus dem vorderen Orient möglich gewesen.
Dieses schon arrogante Negieren offenkundiger Tatsachen (allein ein Besuch in Knossos wäre schon hilfreich) führt denn auch zu Interpretationen des Diskus, die von einem Hohelied der Sexualität bis hin zu schlichten Ernteanweisungen reichten.

Diese Ignoranz, beziehungsweise deren Auswirkungen, war unter anderem ein Grund, warum ich begeistert half an diesem Werk und seinen Beweisführungen mitzuarbeiten.
Ein anderer Grund ist natürlich die Person des Fritz Kuroso / Fritz Will mit ihrer faszinierenden Ausstrahlung; ein weiterer die spürbare und beeinflussende Energie gewisser Orte der Insel.
Vieles wäre dem noch hinzuzufügen, aber vielleicht ahnt der Leser einiges von diesen Dingen beim Lesen dieser Abhandlung.

Um zweierlei geht es in den folgenden Zeilen:
Zum einen ist es die Beweisführung für die Existenz eines weltweiten Informationssystems, dessen sich die Alten in den Tagen der minoisch-atlantischen Zeiten bedienten, zum anderen ist, darauf basierend, die Lesung des berühmten Diskus von Phaistos und die vergleichende Beweisführung zur Feststellung der Richtigkeit dieser Lesung von Fritz Will / Kuroso.

Es wäre schön, wenn jeder Leser dieser Abhandlung sich die Mühe machen würde, sich intensiv und vorbehaltlos mit der Thematik auseinander zusetzen um dann, und nur dann, zu akzeptieren oder zu verwerfen.

Hierzu auch ein Zitat der amerikanischen Publizistin A.A.B.:
„Kein Buch gewinnt irgend etwas durch dogmatische Ansprüche oder Erklärungen hinsichtlich des autoritativen Wertes seiner Inspirationsquelle. Sein Erfolg oder Misserfolg sollte einzig und allein auf seinem eigenen inneren Wert beruhen, auf der Nützlichkeit der darin gemachten Vorschläge und auf seiner Kraft, das geistige Leben und das intellektuelle Verständnis des Lesers zu fördern.

Wenn diese Abhandlung irgend etwas an Wahrheit und Wirklichkeit in sich birgt, dann wird sie unvermeidlich und unfehlbar ihre Wirkung haben und mit ihrer Botschaft die Herzen und Sinne der Sucher erreichen.
Wenn sie dagegen wertlos ist und auf keinerlei Tatsachen beruht, dann wird sie verschwinden und sterben; und dies mit vollem Recht.
Vom Leser wird lediglich erwartet, dass er mit innerer Harmonie an das Studium dieser Abhandlung herangeht und gewillt ist, die darin unterbreiteten Ansichten in Erwägung zu ziehen, und das er außerdem jene Ehrlichkeit und Aufrichtigkeit des Denkens besitzt, die die Entwicklung der Intuition, die Fähigkeit zu geistiger Diagnose und zu einem kritischen Unterscheidungsvermögen fördert, welches das Falsche zu verwerfen und das Wahre zu würdigen weiß."

Ulf Dittmann, Düsseldorf / Vori / Kamilari 4.8.99

Spuren im Stein und in der Zeit

Anmerkungen zum Vortrag von Fritz Kuroso / Friedhelm E. Will zum Thema
„ Mythisches Kreta- entmythologisiert“
Auszüge aus der Süddeutschen Zeitung / B. Knopf

Neue Wissenschaftler braucht das Land!
Oder sollte man besser sagen: neue Forscher, neue Denker, Männer (und Frauen) eben, die den verfahrenen Karren wieder aus dem Dreck ziehen, auf dem unserer geschundener Planet Erde dahinsiecht.
Die Wissenschaft muss um 180° umdenken sagt der Mann, der aus Kreta nach Erding kam.

Und dafür braucht man ein neues oder vielmehr uraltes Informationssystem, wie es Fritz Kuroso in der minoischen, längst verschütteten Sprache der Kreter wiederentdeckt haben will.
„ Mythisches Kreta – entmythologisiert“ lautete das Thema seines Vortrags, der in der Artothek zu hören war.
Diaschau, touristische Austauschbörse oder Kunst- und Kulturhappen für den Griechenlandfreund wurden nicht geboten.
Vielmehr ein Verwirrspiel aus Zahlen, Buchstaben und Farben – ein komplexes Informationssystem, veranschaulicht an originalgetreuen Zeichnungen, überlagert von eng beschriebenen Randbemerkungen.
Allzu voreilig war man da bereit, die Abwehrantennen gegen solch „esoterische“ Traumtänzerei auszufahren wie Wünschelruten. Doch damit hätte man dem Mann in der hellen Lammfellweste und den derben, kretischen Hirtenstiefeln, mit dem weißmelierten Rübezahlbart und einem phänomenalen Zahlengedächtnis wohl Unrecht getan.
Als Friedhelm E. Will, der sich jetzt Fritz Kuroso nennt, vor 20 Jahren nach Kreta ging, prophezeiten die Presseblätter dem „Superaussteiger" dass auch er wieder nach Hause kommen würde.
Er kam nicht!
„ Vielleicht, weil ein Schäfer, mit dem ich sechs Monate umherzog, mir mit seiner Panflöte das Minoische in die Ohren geblasen hat“.
Ganz sicher aber, weil er den heiligen Berg, den Mavri – Ida, mit seiner Gestalt wie Stierhörner in der Schneeschmelze beobachtete: Er entdeckte ein statisches Muster und fand Keramik an diesen Linien, machte Photos und zeigte sie dem archäologischem Institut in Iraklio; doch dort wollte man nicht glauben, dass akribische deutsche Archäologen etwas übersehen haben könnten.

Und so kam es, dass der gebbürtige Bochumer, der in Berlin Malerei studiert hat, ursprünglich Zimmermann war und mit Archäologie gar nicht viel im Sinn hatte, sich an die Spuren der Zeit heftete.
Aus der Doppelaxt von Zakro, charakteristischer Gegenstand der minoischen Kultur, errechnete er das minoische Zeitmaß. Basis seines Kommunikationssystems ist der minoische Kreis; seine Zahlenproportionen und Farbbedeutungen, die in Buchstaben umgerechnet werden; jedem Farbton entspricht ein phonetischer Ton.
Innerhalb des Kreises entsteht ein Netz aus gegensätzlichen Grundaussagen, die unaufhörlich ineinander übergehen; männlich und weiblich, rational und emotional, Licht und Erde, Impuls und Echo, Plan und Darstellung.
Es zeigt sich ein Alphabet, so erlernbar und logisch wie das unsere.
In seiner Aussagekraft jedoch soviel näher am wahren Sein der Dinge als unsere Sprache, die schon oft losgelöst ist von dem, was sie beschreibt.
Mit diesem System will Kuroso jetzt die spiralförmige Bilderschrift des Diskus von Phaistos entschlüsselt haben; er liest in den Farben, Proportionen und Zahlenanordnungen den verborgenen Sinn heraus, auch aus Darstellungen wie des Fischerjünglings von Santorini oder der Stele von Tentperet; und er weiß Einmeißelungen in Treppenanlagen des Palastes von Phaistos – von Archäologen schlichtweg übersehen – zu deuten.
Kuroso nennt das System, welches er wiederentdeckte, „ logisch“ und in sich „ schlüssig“.
Das Informationssystem dient Kuroso jedoch nicht allein zur Entschlüsselung kulturgeschichtlicher Aussagen. Es ist für ihn auch der Code, vertrackte Phänomene unserer heutigen Zeit zu knacken.
So seien die Kornkreise, die in den englischen Feldern Rätsel aufgeben, genauso in Bezug zu dem Sonnensystem zu setzen wie die Darstellungen des Diskus oder die sogenannten Lochsteine, die an kultischen Stätten gefunden werden.
Wenn die kultische Sprache Kretas wiederbelebt und verstanden wird, dann, so die Version des Fritz Kuroso, könnte – nein, müsste – diese Insel im Mittelpunkt aller Kontinente so etwas wie ein Weltfriedenszentrum werden, das positive Impulse auf den Rest der Welt ausstrahlt.
Den Minotaurus aber, mythologische Figur der Insel Kreta, setzt er wohl mit dem heutigen, nicht gerade verantwortungsvoll handelnden Menschen gleich: Denn dieser Stiermensch symbolisiert in minoischer Sprache die „ Kraft des Menschen, wenn er außer Kontrolle gerät“.

Stellungnahme zu Bildern, Publikationen zum Werk von Fritz Will
Auszüge aus der Stellungnahme von Dr. Peter Baumgartner

Die Untersuchungen an Bergen, die von Menschen behauen und geformt wurden, führten Fritz Will an einem kalten Winterabend der frühen 80er Jahre in mein geologisches Büro am Traunsee.
Zur größten Verblüffung der anwesenden Geologen erzählte der Maler, autodidaktische Archäologe, Lebenskünstler und Autor eines großen schillernden, in sich geschlossenen Gedankengebäudes von seiner Vorstellung, dass zahlreiche Berge von Menschen geformt seien, unter anderen der Traunstein.

Einem Geologen, der sehr viel hörte von den formenden Kräften der Natur, von Erosion, chemischer Verwitterung und der Reaktion der kristallinen Struktur der Gesteine auf diese Abtragungsprozesse kommt diese Theorie im ersten Moment äußerst unwahrscheinlich vor, wenn man bei vielen Geländebegehungen beobachten konnte, wie die Wechselwirkung zwischen der inneren Struktur der Gesteine und den von außen angreifenden abtragenden und zerstörenden Kräften sehr wohl die regelmäßigsten und die auffälligsten Formen ohne Zutun des Menschen hervorzubringen im Stande sind.

Es war zwangsläufig eine Konfrontation zwischen den Gedanken und dem Werk von Fritz Will und den bisherigen Erfahrungen und Ansichten der Geologen in unserem Büro gegeben.

Für mich persönlich entwickelte sich die Angelegenheit weiter, weil ich versprochen hatte, die angeblich behauenen Berge in Kreta aus geologischer Sicht näher zu betrachten. Der Einstieg zu meiner ersten Fahrt nach Kreta lief unter anderem über eine Eintragung von Fritz Will in unser Gästebuch am 15.7.82. Dort hat er geschrieben „vielleicht klappt es mal auf Kreta“.

Bis heute gab es mehrere Reisen.
Da gab es einmal die Besteigung des Mavri Ida und die Besichtigung von weitflächigen Breccien - Vorkommen. Dem Geologen bleibt trotz verschiedener Interpretationen durch Fritz Will als Tatsache bestehen, dass diese weitläufigen Breccien, z.B. im Berg Ida, natürlichen Ursprungs und leicht aus geologischen Prozessen erklärbar sein können.

Ganz anders jedoch bei Steinterrassen in der Nähe des Wohnortes Agia Fotia Meta, ca. 50 km südlich von Irakleio (Heraklion). Hier wird deutlich, dass eine ganze Hügelspitze terrassenförmig bearbeitet wurde und mit vielen Bodenreliefs und Zeichen eindeutig von Menschenhand ausgestaltet worden ist.

Das wäre vielleicht nicht allein verblüffend, interessant ist jedoch, dass sich die Fotos und die Bilder dieser Steinbearbeitungsstelle in Kreta praktisch wie ein Ei dem anderen gleichen, mit Fotos, die über Berg und Hügelspitzen aus Südamerika publiziert sind.

Und damit ist bereits ein Kernpunkt der Aussagen von Fritz Will erreicht, der mir besonders interessant erscheint: nämlich der Hinweis darauf, dass zumindest einmal in Frage gestellt werden muss, wie weit sich in sehr alten Zeiten Kulturen auf der Erde gekannt haben und verschiedene Austauschvorgänge gepflogen haben , auch über Kontinente hinweg.

Zu diesen Gedankengängen findet sich im Werk von Fritz Will eine große Anzahl interessanter Hinweise und gesammelter Fakten: da ist zuerst einmal der Hinweis auf eine Figur, die sowohl im Diskus von Phaistos auftritt, dazu auch in dem sogenannten Gründungsprotokoll von Tenochtitlan (Mexico City) und in alten Felszeichnungen in Südtirol, die von Haller publiziert worden sind.
Die Gleichartigkeit dieses Kreises mit seinen sieben Innenkreisen an so weit voneinander entfernten Stellen der Erde ist so verblüffend, dass man jedenfalls nur aus der Blickrichtung des Zufalls oder anderer Erklärungsmöglichkeiten, die nicht auf einen irgendwie gearteten Kontakt dieser Kulturbereiche schließen, solche Ähnlichkeit nach meiner Ansicht nur schwer erklären kann.
So hat sich für mich durch den Einstieg als Geologe in die Gedankenwelt von Fritz Will dieser äußerst interessante Hinweis über die Unzulänglichkeit unseres bisherigen Geschichtsbildes, das von sehr kleinräumigen und rückständigen Gesellschaften in der Mittel- und Spätsteinzeit ausgeht, ergeben.

Bei der Beschäftigung mit dem Werk von Fritz Will und einem zufälligen Vergleich mit den Bildern der Frau Dr. Maria Reiche, die ihr Leben der Erforschung der Scharrbilder in den Pampas von Nazca in Peru gewidmet hat, fällt auf, dass beide Autoren unabhängig voneinander sehr ähnliche, ja praktisch gleiche Techniken anwenden.
Auswertungen der Scharrbilder nach ihren Winkelverhältnissen und mit Farbpositionen haben bei mir während des Besuches der Ausstellung über Peru in der Schallaburg in Niederösterreich auf den ersten Blick den Eindruck erweckt, Bilder von Fritz Will vor mir zu haben.
Dabei handelte es sich um Interpretationen und Auswertungen der Scharrbilder von Nazca durch Frau Doktor Maria Reiche.

Wie mir Frau Dr. Reiche bei einem Besuch in Peru mitgeteilt hat, teilt sie auf anderer Ebene ebenfalls das Schicksal von Fritz Will, nämlich, dass offizielle Stellen zum Teil sehr wenig bis gar nicht auf die den schularchäologischen Gepflogenheiten nicht entsprechenden Darstellungen der Forschungsergebnisse reagieren.

Was mich immer wieder in langen Gesprächen mit Fritz Will verblüfft, ist die Geschlossenheit seines Gedankengebäudes und die vielfältige Möglichkeit, diese für heute wichtige Problem und Fragestellungen, sowohl aus wissenschaftlicher Sicht als auch aus philosophischer und politischer Sicht auszuwerten und zu verwerten.

Zwei Geschichten zur Geschichte

Am Mavri – Ida

„Hände hoch!“
Ein Satz ohne wenn und aber.
Er kam von irgendwo dort oben, denn unten war die Schlucht.
Meine linke Hand klammerte an der Felsspalte, die rechte Hand hielt den Esel.
Riss der Zügel, musste einer von uns bergab. Brach der Fels gäbe es für uns beide kein halten mehr. Irgendwie musste ich da durch.
Endlich hatten wir den Stand. Das Tier war so ruhig wie ich sein wollte.
In die Röhre schaute ich gar nicht gerne. Sie gehörte zu einem alten Karabiner, der an einem schwarzbärtigen Gesicht lag.
Freundlich war nur das Wetter.
„Jetzt hebe ich die Hände nicht mehr, Flintengesicht!“
Das bleib steinern.
„Amerikaner“ glaubte ich zu verstehen, „Spion.....“

So begann meine Untersuchung an der höchsten Doppelpyramide der Erde. Zumindest, was den Teil vor Ort betraf.
Jemand hatte sich davon überzeugt, dass ich unbewaffnet war.
Das Flintengesicht verschwand erst, als mich zehn der unterschiedlichsten Gestalten umringten.
„Angst?“ Flintengesicht hielt mir eine Zigarette hin. Die Lachfalten um seine Augen zogen mich an. Irgendeiner hatte ihn Kapitanos genannt.
Es war 1972. In Griechenland herrschte eine Militärjunta. Einige Kreter probten den Widerstand, wie sie dies schon seit Jahrtausenden taten.
„Was machst Du hier?“ Kapitanos wies mir einen Sitzplatz auf einen sonnenbeschienenen Stein zu. Er setzte sich neben mich. Reden befreit, dachte ich, und Kapitanos sprach deutsch.
Bis auf einen Wachposten setzten die anderen sich zu uns. Paximadia wurde verteilt, ein Hartbrot, und gekochtes Fleisch. Wasser gab's und zwischendurch einen Schluck aus der Raki - Flasche.
Ich erzählte von meinem Vorhaben und dessen Ursache.
Dann sagte Kapitanos: „Priamos!“

Als Digenis noch über die Welt ging, wanderte er auch über Kreta. In der Nähe von Phaistos wurde der Zweigeborene müde und durstig. Sich auf einen Berggipfel setzend, trank er aus dem Geropotamos Wasser. Dadurch drückte er den Berg die Form seines Hinterns auf.
„Ich kenne die Geschichte“ sagte Kapitanos „ du kannst den kretischen Heroen auch Zwilling nennen“.
„ Weißt Du dann auch“ fragte ich „dass der Zwilling schneller als der Schall war?“

Er sah mich abwartend an und machte die auffordernde Handbewegung. „Und?“
Ich erzählte weiter:
„Nach dem Kartenwerk der Deutschen von 1941 ist der Gipfelabstand hinter und über uns zwischen den beiden Gipfeln 800 m. Am Äquator dreht sich die Erde 40.000 Km in einer Sekunde um 463 m, denn die Sekunden eines Tages sind 86400.
Wenn also Digenis da oben saß, bewegte er sich mit 400 m pro Sekunde und saß auf dem Breitengradabschnitt von 34.560 km. Der Gipfelabstand ist somit künstlich gemacht und nicht natürlich entstanden. Der Zweitgeborene bewegte sich 67 m schneller als der Schall, denn der bewegt sich nur 333 m pro Sekunde“.
„Du bist verrückt“ lachte Kapitanos. „Du bist verrückter als alle Kreter um den Inselkreis herum! Aber es kann stimmen! Wie bist Du darauf gekommen?“

Im Frühling 1970 kam ich zum ersten Mal nach Kreta. Bei Petrokephali sah ich Orangen vor weißen, verschneiten Bergen. Davor aber stand schwarz der Mavri-Ida. Am liebsten wäre ich sofort ausgestiegen. Der Bus aber fuhr weiter.
So porträtierte ich in Matala und Pitsidia die Gesichter der Dörfler. Sie hatten noch welche.
Daraus wurde dann später in Berlin die Ausstellung „Bilder eines Dorfes“.
Beton schob ich im Schubkarren als der Straßenbau Matala – Phaistos begann.
War schon beim Malen immer der Mavri – Ida im Hintergrund, manchen Kopf ergänzend, so hatte ich nun ständig sein Bild vor mir.
Schon bei Pitsidia war ich der Spezialist für Wasserunterführungen, denn keiner konnte die Eisenzeichnungen lesen.
Außerdem war ich schon in Deutschland als gelernter Zimmermann dabei gewesen, als künstliche Berge in Straßen umgewandelt wurden. Die Abraumhalden der Bergwerke wurden zum Untergrund des Ruhrschellweges. Sie verschwanden einfach und die Landschaft hatte sich verändert.
Hier nun legten die Militärs besonderen Wert auf die Statistik. Unter ihrer Aufsicht wurde die Straße Matala – Anschluss Mires gebaut.
In Sichtweite Phaistos hatte ich den Boden zu korrigieren. Der Bagger war nicht tief genug gegangen. im tonigen Lehm waren wir auf unter 3 m. Da stieß meine Schaufel an Felsgestein.
Dies war ungewöhnlich, denn der Schwemmboden hatte fast keinerlei Verunreinigungen.
Ich legte eine Steinplatte frei, die mit ihren Breitseiten zum Mavri – Ida wies. Die Längskanten wiesen nach Osten und Westen.
Unterhalb der Platte blickte ich dann auf den Schädel einer Hockermumie. Der Tote war erstaunlich gut erhalten. Er blickte nach Phaistos und sah somit nach Osten. Die Steinsetzung schien innen vollkommen trocken geblieben zu sein. Nach Norden hin stand ein Tongefäß neben der Kindermumie und nach Süden standen derer zwei.

Ich staunte, dass der Boden unter der Beisetzung dunkel war, denn der Grund der Grube war ausgekleidet mit Meeressand.
„Priamos!“ sagte Kapitanos. Staunen und Ehrfurcht standen in seinem Gesicht.
„Meinst Du den König?“ fragte ich.
Er ließ sich Zeit mit seiner Antwort.
„Nein, eher den Kuros. Aber auch das nicht! Priamos heißt vor Sand. Bevor aus etwas so wie Sand wird, muss es Stein gewesen sein, eben priamos...alt, sehr alt, uralt.
Ich hatte jemanden nach Phaistos geschickt. Drei Männer waren von dort gekommen. ihr Anführer stand an der Ko-Seite des Steinkastens nach Süden hin und die beiden anderen starrten von der Längsseite auf den Fund. Wie ein rechter Winkel, dachte ich.
Die Höhle von Kamares blickt nach Afrika. Die Höhle Ideon Andron, der Eingang in den Idi – Ida, blickt nach Afrika. Ko ist minoisch die Verbindung.
Platon hatte geschrieben, dass Atlantis größer als Asien und Afrika zusammengenommen sei.
Damit hatte er den Ko-Punkt gegeben, eben den Verbindungspunkt.
Die Drei aus Phaistos legten die Steinplatte wieder auf die Bestattungsstelle. Der leitende Offizier ließ zubetonieren. Wie ein Tropfen auf dem Wasserspiegel verschwand unter der grauen Masse die Platte.

Drei Oliven im versteinertem Sand

Komos ist der Strand von Pitsidia. Die kleine Kirche dort steht auf einem Felswall, der den Strand von einem tiefen Tal trennt. Der Talgrund wurde dort erst erkennbar, als der Sand dort abgebaut wurde.
Der Grund unter dem Sand ist rötlicher Mutterboden mit Kulturbeimischung.
Das sah ich, als eine etwa 28m hohe Sandwand stehen blieb. Die Sandwand zeigte die Jahresbeschichtung als feine Bänder. Pro Meter Sandhöhe ergaben sich etwas 400 Doppelbänder der Sommer- und Winterschichten. Somit standen dort 10.000 Jahre.
Immer wieder verglich ich und zählte erneut. Dann fand ich, noch halb unter der Sandsäule eine Tasse feinster Kamaresware. Heute ist die Palastswarenkeramik im archäologischen Museum von Irakleio.
Das Gefäß war mit der Öffnung nach oben unter den Sand geraten.
Wahrscheinlich geriet es schwimmend unter den Sanddruck. Damit drückte es sich mit der Zeit unbeschädigt immer tiefer in den Sandgrund.
Der Sand in der Tasse war versteinert und zeigte in den Hohlräumen die Abdrücke dreier Oliven wie sie heute noch bei Pitsidia wachsen.
Vor Komo und Matala liegen alte Städte auf den Meeresgrund.
„Ich kenne die Städte!“ sagte Kapitanos. „ Im Osten endet Kreta am eisernen Kap und im Süden an dem Steinernen. In unserer Geschichte ist schon viel Eisen zu Stein geworden und viele tausend Jahre wurden zu Luft, wie bei den Oliven!“

Numerologie: Bedeutung der Zahlen im minoisch - atlantischem Informationssystem

1 Sein
2 Leben
3 Bewusstsein
4 Wissen
5 Mensch
6 Dynamik
7 Erde (7. Planet)
8 Verbindung
9 Rationales Prinzip
10 Licht/die Lehre; Erkennen; Vollkommenheit; Vollendung
11 Dunkel/Nacht
12 Sonne
13 Sonne als Stern
14 Licht des Wissens
15 Licht des Menschen
16 Licht der Dynamik
17 Licht der Erde
18 Licht der Verbindung
19 Licht des Rationalen Prinzips
20 Vollkommenheit
21 Vollkommenheit des Seins
22 Vollkommenheit des Lebens
23 Vollkommenheit des Bewusstseins (Wasser)
24 Vollkommenheit des Wissens / Zeit
25 Realität
26 Wahrheit
27 Vollkommenheit der Erde
28 Vollkommenheit der Verbindung
29 Vollkommenheit des rationalen Prinzips
30 Bewusstsein
31 Bewusstsein des Seins
32 Bewusstsein des Lebens
34 Bewusstsein des Wissens
35 Bewusstsein des Menschen
36 Bewusstsein der Dynamik
37 Bewusstsein der Erde des Menschen
38 Bewusstsein der Verbindung
39 Bewusstsein des rationalen Prinzips
40 vollkommenes Wissen
41 vollkommenes Wissen des Seins

Ab hier ist der verständige Leser sicherlich selbst in der Lage die Reihenfolge fortzusetzen.

Prolog

Kaiser des Südmeers war Flugs. Kaiser des Nordmeeres war Stracks.
Kaiser der Mitte war Urdunkel.
Flugs und Stracks trafen einander von Zeit zu Zeit im Lande Urdunkels, und Urdunkel begegnete ihnen mit großer Freundlichkeit.
Da berieten sich Flugs und Stracks, wie sie die Gunst Urdunkels vergelten könnten, und sie sprachen untereinander: „Die Menschen haben alle der Öffnungen sieben, zum Hören, zum Essen und zum Atmen.
Der hier hat keine. Lasst uns versuchen, sie ihm zu bohren!"
Täglich bohrten sie ein Loch.
Am siebenten Tag war Urdunkel tot.

Ta Na - Mach die Augen auf !

Das ALLES SEHENDE AUGE ist gemeinhin die Bezeichnung für die über der frühägyptische Abbildung auf der Stele der Tentperet vorgenommene Zeichnung. (Eine sprachliche Berichtigung: Steele kommt von Seelenstein, wobei das doppelte e für die Wahrheitsverstärkung steht)
So, kurz und fast schmerzlos, können uns die 7 Löcher verkleistert werden und der „böse" Blick wird gebannt. Dieser Blick jedoch müsste uns auch erkennen lassen, dass es sich um „sprechende" Augen handelt, die eine Information haben für diejenigen, die in der Lage sind,

die Botschaft zu entschlüsseln.

Durch die Einbringung der Augenposition in den minoischen- atlantischen Kreis sprechen sie und teilen uns ihre Botschaft mit.

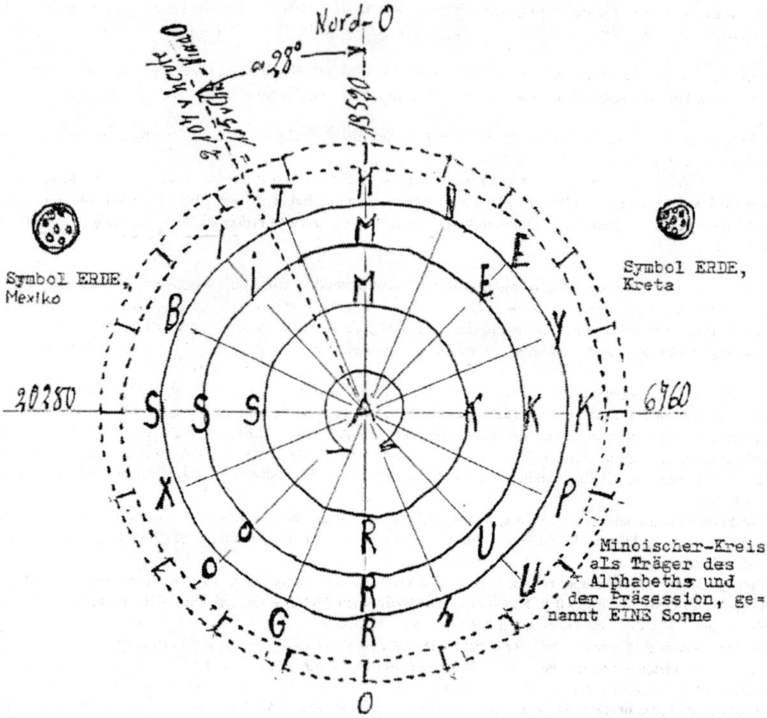

Bild minoischer Kreis

“ Ta Na“ ist demnach ihre Aussage.
Darum gehen beide Augen in ihrem unteren Teil in schnabelartige Öffnungen über, die sich stelzenartig fortsetzen. Die Stelze ist ein Hinweis auf die Schwerkraft!
Stellt man sich ein plastisches Gebilde dieser Art vor, kann man eine Art von Stehaufmännchen erahnen.
Mechanisch bewegliche Augen von Puppen haben einen solchen Mechanismus. Dieser liegt dann so, dass die Stelze vorne ist und der ausbalancierende Teil hinten. In obiger Abbildung aber deutet der Balanceapparat auf Veränderlichkeit des Winkels (in diesem Fall der Augen zueinander) hin.
Die minoische Lesung „Ta Na“ heißt vollständig „Ta Na paxo logo“.

Und dies bedeutet: „ (Tu) sehen den Weg des Lebens der hohen Erde“.
Mit obiger Augenkonstellation beginnt der Text der Stele der Tentperet/Ägypten.

Die Lyrik, mit dem der obige Prolog beginnt, wird von einem Teil der Wissenschaft Laotse zugeschrieben und ist eine Übersetzung aus dem Alt - Chinesisch. (Die minoische Übersetzung des Namen Laotse ist: „Der die Wahrheit des Volkes darstellt“)
Diese Geschichte ist die kürzeste und prägnanteste Beschreibung von Atlantis und seinem Kommunikationssystem, aber auch die einfachste und richtigste Umschreibung seines Unterganges.

Tanz der 8

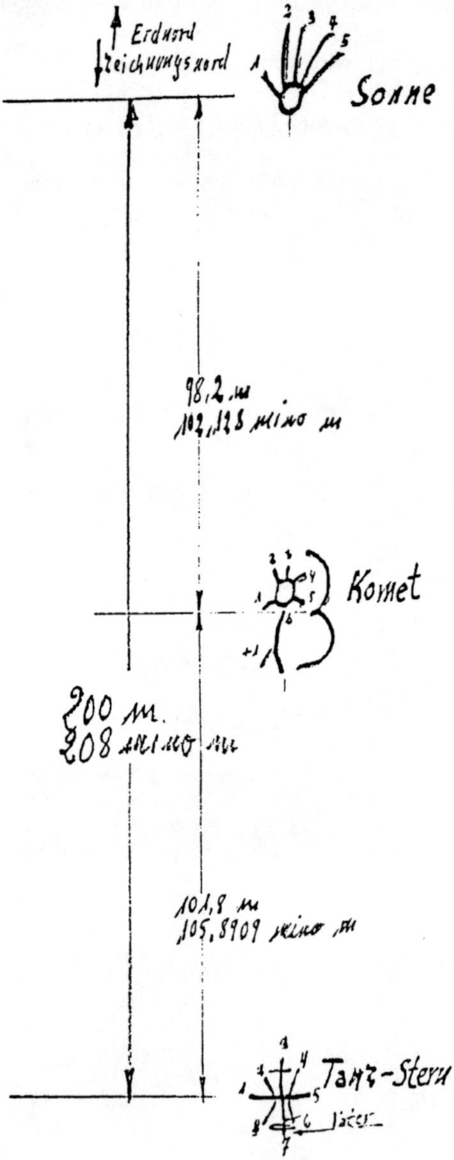

Sonne (Hand) — 5 Strahlen — 6 Strahlen= enden+2 — 8 Strahlen./7 geschl.Felder + 1 geöffneten Der Minoische Kreis

Beim König der Mitte, Urdunkel/Dunkelblau auf Kreta, finden sich obige Zeichen auf einem Felshügel, dem Karamanu, in der Nähe der Ortschaft Kamilari (Nähe Phaistos).

Die Sonne mit den 5 Strahlen ist dabei nördlichstes, höchstgelegenes Zeichen. Der Tanz der 8 ist südlichstes Zeichen und liegt talwärts mit der westlichen Ausrichtung zum Meer (Golf v. Mesara / Paximadie) und östlicher Ausrichtung in die Mesara-Ebene. (Kofinasberg / Asterusiagebirge).
Etwa 240 m liegen zwischen diesen beiden Zeichen.
Auf der Mitte der Strecke befindet sich der Komet.

Die Zeichen sind in den Fels gemeißelt. Sonne und Komet sind als Löcher eingelassen und mit Strahlen ausgemeißelt. Das System wird ergänzt durch Schalen und Näpfchen.
Die Sonne steht für Stabilität, der Komet für Bewegung und die Tanzabbildung der 8 für Stabilität plus Bewegung. Eine Bedeutung obiger Formation ist: Sonne / Nord ist Sommerwende, Tanz / Süd ist Winterwende und Komet ist die Tag- und Nachtgleiche.

In der weiterführenden Bedeutung der numerologischen Lesart der Minoer 5 zu 6 zu 7 zu 8 (oder 8 zu 7) bedeutet dies dann: **„ Des Menschen Dynamik ist der Erde Verbindung“**.

Ein weiterer Prolog

„ So gut auch ein Gelehrter mit der Priesterschrift und dem Hieroglyphen - System der Ägypter
vertraut sein mag, vor allem muss er lernen, ihre Aufzeichnungen zu prüfen! Er hat sich mit Zirkel und Lineal in der Hand zu vergewissern, dass die Bilderschrift, die er untersucht, in einer Hinsicht auf gewisse feststehende, geometrische Figuren hinausläuft, die der verborgene Schlüssel zu solchen geschichtlichen Berichten sind, bevor er sich an eine Auslegung wagt.“

H.P.B - Isis entschleiert - Band 1

Geschichte zur Geschichte

Hyakinthia

Der Geropotamos schien umgeleitet und ein Stockwerk höher gelegt worden zu sein. Nun fiel sein Wasser auf das südkretische Dorf.
Durch die urplötzlich zerrissene, blitzerhellte Dunkelheit führte ich zwei Esel in das Backofenhaus. Nach oben offen war es der kleinste Raum einer größeren Ruine.
Der Sturm brach sich an den alten Wänden.
An das Backofenhaus grenzt der Nordraum. Auf der Türschwelle dieses Raumes saß ich am Vorabend der Regenflut. Der weißlichen Schwelle folgte nach innen ein blauer Auftritt.
„ Siehst Du die Zeit ?“ Hyakinthia lehnte am Türpfosten. Ihr unvermutetes Erscheinen überraschte mich.

„ Guten Abend, Hyakinthia, was macht die Weinernte?“ Die Herrin der Wasserstelle nannten die Dorfbewohner sie. Abwinkend verließ ihre Hand nicht den rauhen Rockstoff. Abendrot spiegelte der Dorfberg auf ihre Züge.
„ Die Trittschwellen meine ich nicht. Der alte Olymp da oben hat auch so ein Joch. Das traten keine Schuhe. Die beiden Schwellenmitten aber steilen auf, veränderten Winkels zu belasteten Seitensäulen“.
„Die Schleifspuren der Schuhe zeigen lange Wirkung, doch mieden sie die Mitte. Die Alten übertraten Schwellen, betreten wurden sie erst später. Aus jener fernen Zeit ist noch ein Schatz im Haus. Klein zwar, doch weltweit klingend. Tägliches Wasser soll die Stelle zeigen. Gesucht jedoch wurde schon viel.“
„Ein Schatz, verbunden mit dem Kleinem, Ersten, soll sich im Dorf befinden. Auch dessen Klang ist weltweit, aber lauter. Es könnte eine große Glocke sein!“
Den aufgehenden Sternen schritt sie entgegen.
„ Bei großem Wasser könntest du hören oder Rot des goldenen Schimmers sehen!“
Ein warnendes Lied, dachte ich, wovon nur?
Letztes Abendlichtfunken nutzend, werkelte Lilia an Reisigbündeln. Strom gab es noch nicht im Dorf.
Schon lag honigfarbene Öllichtbahn auf Dorfstraßendunkel.
Vor dem Nachttau wird sie das Brennholz schützen.
Bei erstem Morgenlicht würde die Alte aus dem Dorf reiten. Zurückkommend würde das Weiblein unsichtbar sein. Versteckt hinter riesigem Eselskopf, neuen Zweigbündeln, verdeckt von Wildgemüsebeuteln.
Zu überhören war sie nicht. Die helle Stimme wies den Esel an.
Zu Menschen sprach sie oft in Dichterworten, Situationen durch Ratschläge erklärend.
Kapitän war sie an den Backtagen.

„Noch zwei Brotlaibe nach Osten! Im Norden mehr Raum lassen! Den Westen belege ich selber!“ Ein prüfender Blick in den südlichen Wasserzuber. Auf das Flachdach gehuscht um die Abluft zu regulieren. Wieselflink trippelnd mit Zunge und Beinen überzeugte sie alles.
Ich wunderte mich an dem Vorabend. Ich wunderte mich, als die Wasserfluten kamen. Sie überraschten, scheinbar, nur mich.

Einen Schriftstein fand ich 16 Jahre später. Freigespült zwischen Brandaschespeichern hatte ihn wohl ein Bauer gefunden. Zu anderen Steinen warf er den Dreckklumpen auf den Wegrain. Erkannt hatte ich den Stein an dem Delta – Segel, dort war der Lehm abgeplatzt.
Als ich den Stein dem Archäologischen Museum von Irakleio (Heraklion) übergab, fragt mich der Archäologe: „ Was sollen wir zahlen?“ Geantwortet hatte ich: „Elf Kilogramm ist sein Gewicht. Ersetzt es mir in Gold, so sind wir beiden gerecht!“
Fünf weitere Jahre vergingen, bis ich das steinerne Schiff fand. Gebettet war es im Meersand.
Unter ihm stand immer noch der südliche Wasserzuber.
Als ich im sonnigem Thymian stand, hoch über dem Dorf, mit tropfenden, dampfenden Eseln, da fegte Ilse letztes Wasser aus der Hütte.
Ich sah den See, unter dem die Weingärten lagen und die Olivenhaine und blieb.

Vorderseite

Der Schlüssel zum Loch – der Schriftlochstein von Agia Fotia Meta / Kreta

Im Museum von Irakleio (Heraklion) befindet sich unter der Registrierung AY 3925 / 2-9-92 der von Fritz E. Will gefundene Stein von Agia Fotia Meta. Der dem Museum am 2-9-92 übergebene Stein fand sich auf einem Geröllhaufen, den die ortsansässigen Bauern an den Straßenrand gelegt hatten, nachdem sie ihre Felder von Geröll befreit hatten. Auf dem Stein war lediglich das griechische Zeichen für den Buchstaben Delta noch gerade zu erkennen, da er ansonsten stark bemoost war.
Nach der Reinigung entpuppte sich der Stein als der Beweis für die Richtigkeit der Entzifferung der Aussagen des Diskus von Phaistos in Bezug auf die Leserichtung und in Bezug auf die numerologische Aussage.

Dem in dem Aufbau des minoisch – atlantischen Alphabets Ungeübten wird sicherlich anhand des obigen Photos des Steines ersichtlich :
I D I A AO in der ersten Reihe und in der darunter liegenden S OTELIo.
Dies jedoch natürlich nur, wenn er ein wenig in der griechischen Sprache bewandert ist.
Dass die Bedeutung der ersten Aussage gleich: IDIA Zentrum der Verbindung ist, wobei IDIA als Ortsbezeichnung für Kreta steht, wird sich ihm genauso verschließen wie die Bedeutung der Aussage in der zweiten Reihe, nämlich: Darstellung des Endes der Verbindung (und somit auch des Anfangs, denn da alles zyklisch ist, ist logischerweise Endpunkt immer auch gleichzeitig Anfangspunkt.)

IDIA in der minoischen Bedeutung für Kreta bedeutet übersetzt: Zentrum des Beginns menschlichen (Wieder)Beginns.
In dieser Bedeutung würde es mit Sinnets Überlieferung der alten Sanskrit-Texte (indische, erste Schriftsprache) in seinem Esoteric Bud(d)hismen übereinstimmen, in denen gesagt wird, dass ein Teil der Atlanter nach den ersten langsam einsetzenden Überflutungen ihre sieben Inseln verließen, um unter anderen in Kreta eine neue Heimat zu finden. (siehe hierzu auch Lewis Spence „The History of Atlantis“). Dass diese Völkerwanderung vor cirka 660.000 – 648.000 Jahren stattfand, ist wiederum in Stein gehauene Wahrheit.

Das größte Kalenderbauwerk ist die Insel Paximadia im Golf von Mesara auf Kreta.
Denn dort sind 24 Sonnen kalendarisch fixiert, deren Mittelwert bei 27.040 Jahren liegt (Wahrheitszeit), da die Präszessionszyklen zwischen 24.000 und 30.000 Jahren schwanken (Realzeit).
Astronomisch Null dieser Zyklen ist immer dann, wenn die Achse des heiligen Dreiecks UKO (Deneb, Sadr, Ginah und Cygnus Delta aus dem Sternbild des Schwans (Cygnus) ; nicht zu verwechseln mit dem Sommerdreieck zwischen Atair als Namengeber im Sternbild Adler, Deneb im Schwan und Wega im Sternbild der Leier) mit dem Sonnenaufgangspunkt als Nullpunkt zwischen den Zodiakzeichen Schütze und Skorpion übereinstimmt. (zwischen denen das Sternbild Ophiuchus = Schlangenträger = „der mit der Schlange der Illusion Ringende“.. steht)

„Alles Leben kommt vom UKO“ sagten die Minoer - Atlanter.
„Cygnus (der Schwan = die Seele) ist die Heimat unseres göttlichen Vaters und unserer göttlichen Mutter“ sagten die Druiden der Kelten.
„Hamsa (der Schwan = die Seele) hat den rechten Flügel, der das A bedeutet, den linken, der das U bedeutet und den Hals und Körper, die das M tragen. Dies ist das Wort des Schöpfers, der Laut und die Vibration der Schöpfung, das AUM.“ (Rig Veda)

Bedarf es zu dieser weltweiten Übereinstimmung noch eines Kommentars bezüglich der Richtigkeit der Interpretation?

Nach dem Paximadia – Kalender (die Einmeißlungen in den Fels sind besonders gut auf der deutschen Generalstabskarte aus dem Jahre 1941 zu erkennen, die aus den Luftaufnahmen der deutschen Aufklärer generiert wurden zur Vorbereitung der Invasion der Insel Kreta) leben wir im Jahre 2114 (1999) der 5. Sonne und des 3. UKO.
Da ein UKO zehn Sonnen entspricht (10 = Vollkommenheit) und eine Sonne dem oben bereits erwähnten Mittelwert, bedeutet dies einen Beginn des Kalendariums aus Stein im Jahre 649.080 v. Chr.
Dies widerspricht übrigens auch in keiner Weise den von Platon wiedergegebenen Bericht im Kritias und im Timaios. Denn die von Solon durch den ägyptischen Priester in Sais empfangene Geschichte über Atlantis bezieht sich auf die letzte Restinsel des ehemals riesigen Reiches und deren Untergang. Da aber war das Modell Atlantis schon seit einigen Jahrtausenden über den Globus verbreitet (Inkas, Mayas, Hopis, Basken, Kabylen, Etrusker, Phönizier, Tuaregs, Guanchen, Pelasger) und hatte sich ein neues Zentrum erkoren. Eben jenes Zentrum, von welchem das Testament des Troja-Ausgräbers Heinrich Schliemann zeugt: „Kreta ist Atlantis“.
Dies wiederholte er zur Bekräftigung dreimal. Und diese dreimalige Bekräftigung gilt auch heute noch den Griechen als Wahrheit.
Dass er nicht auf die Idee kam, dass Troja, besser Ilion Atlantis war, lag daran, dass er die Ilias wörtlich nahm. Hätte er dies nicht getan, wäre ihm nicht der Erfolg der Ausgrabung beschieden gewesen.
Denn dort, in der Ilias, steht eben, dass König Teukros kretischen Ursprungs war und über das Hirtenvolk der Teukrer in jener Gegend, in der später Troja gegründet wurde, herrschte. Und zwar am Rande des Ida-Gebirges, dessen Namen er offensichtlich ebenfalls aus Kreta übernommen hatte. Teukros heiratete die Tochter des Königs Dardanos Danaee und sein Volk wurde danach das Volk der Dardaner genannt. (Das Urvolk der Kelten nannte sich übrigens Tuatha de Danaan, welches soviel wie „ die Verwandten des Gottes, dessen Mutter Danae war“ bedeutet)
Und da erst sein Enkel Tros einen Hauptort namens Troas gründete und dessen älterer Bruder Ilos den Grundstein zur später so berühmten Burg Ilias legte, mussten eben jene Kreter / Minoer / Atlanter wesentlich älter sein als die späteren Trojaner.

Bevor wir uns wieder dem Schlüssel zum Loch widmen, noch eine Bemerkung zu den jüngsten Atlantistendenzen.
Es ist nicht nachvollziehbar, wieso der Verfasser der Politea und generell eines gewaltigen Werkes, der in seiner Zeit mit Recht einer der bedeutendsten Männer war und dessen Werke auch heute noch größte Anerkennung genießen, schlicht und einfach „verzangert“ wird.

Wenn Platon Restatlantis gleich Poseidonis jenseits der Säulen des Herakles ansiedelt, dann befindet er sich in absoluter Übereinstimmung mit ältesten Sanskrit-Texten (u.a. Buch der Dzian) und mit den verschiedensten vermythologisierten Berichten und Erinnerungen der Atlantikanwohner. Besonders dann, wenn seine Darstellung von Crantor 300 Jahre später bestätigt wurde, der sie auf einer ägyptischen Stele in Sais nachlesen konnte und die Übereinstimmung mit Platon als absolut betrachtete und verkündete.
Hiermit gibt es mehr Möglichkeiten zur erfolgreichen Durchführung eines Indizienprozesses (wozu auch der Inhalt dieses Buches beitragen würde) als auf recht fragwürdige Art und Weise Platon schon fast als Lügner darzustellen und Atlantis in den Bereich des piratösen Trojas anzusiedeln.(was schon Schliemann aus guten Grund nicht tat, siehe oben)
Da der Ursprung immer in einem selbst liegt, könnte man in diesem Kontext ja auch einmal die Sponsorengelderbeschaffung für das zangersche Troja-Projekt betrachten.
Abgesehen davon ist Stand heute diese so medienträchtig aufgebaute Aktion mangels Erfolg offensichtlich einfach in Vergessenheit geraten.(Stand 2001)

Endgültig zurück zum Stein von Agia Fotia Meta (griech.: Nach dem heiligem Feuer). Dieser Ort ist der Ort der Brandbestattungen der Alten. Hier wurde die Asche der Verbrannten gereinigt und in 9 Becken von 100m Länge, 4m Breite und 3,60 Höhe gespeichert.
Durch Wasser und ein Tonröhrensystem wurde die Asche zu den Becken geleitet. Die Asche aus diesen Becken wurde jährlich, und zwar genau dann, wenn der Fluss des Lichtes (die Milchstraße = Galaxi) mit dem Fluss-System des Dunklen (die Flüße Geropotamos und An(ti)apodaris, das Reine Kreuz bildete, in die beiden Flüsse geleitet und dem Meer im Westen bei Komo durch den Geropotamos sowie dem Meer im Osten durch den An(ti)podaris übergeben.
Dieses System wird auch durch die beiden Schriftreihen auf dem Stein dargestellt, denn dies ist der Grund, warum das Schiff unter der zweiten Reihe in die entgegengesetzte Richtung zeigt.
Weiteres dazu jedoch weiter unten.
Die ersten drei Zeichen des Steines in der ersten Reihung spielen eine entscheidende Rolle.
Wir erkennen eine gekrümmte Linie, einen aus zwei Linien bestehenden Winkel und eine sogenannte römische Eins, die aus drei Linien besteht.
Diese Reihung 1 – 2 – 3 enthält in sich die logische Aussage, dass nun 4 folgen muss. Da 4 gemäß der minoisch – atlantischen Numerologie für Wissen steht, beginnt folgerichtig auch ab dem vierten Zeichen die Beibehaltung der Schrifthöhe.
Eine weitere Aussage: 1 – 2 – 3 ist aufsteigend. Da 4 gleich Wissen ist gleich Logos, bedeutet diese Reihung auch: Prolog.
Weiterhin stimmt der Text des Steines nach Lautzeichen mit dem Text nach Zahlenwerten überein.

Diese Übereinstimmung verstärkt sich, da die erste Reihe aus 9 Zeichen besteht, dem die zweite Reihe ebenfalls 9 Zeichen hinzufügt. Insgesamt also 18 Zeichen. Die 9 zu der 18 ist zu lesen gemäß der Numerologie: Rationales Prinzip der Verbindung.
Noch deutlicher wird die Aussage in dem Verhältnis 9 – 18 – 27 (9+18=27): Rationales Prinzip des Lichtes der Verbindung vollständiger Erde.
Diese Aussage wiederholt sich inhaltlich auf einer anderen Werteebene unter Berücksichtigung der offiziellen Maße des Schriftsteines: 30cm Länge / 27cm Höhe / 8cm Breite gleich:30 – 27 – 8 : Vollkommenheit des Bewusstseins – vollkommener Erde – Verbindung.

Nur die Zeichen 4 bis 9 sind Schriftzeichen herkömmlicher Lesart in der ersten Reihe.
In der zweiten Reihe sind dies 11. - 18. Zeichen. Das 10 Zeichen ist - !
Somit sind dann 3/9 der obigen Reihe unlesbar und 1/9 der unteren Reihe.
Deshalb nochmals: wenn das 4. Zeichen gemäß der Numerologie Wissen ist, dann sind die ersten drei “unlesbaren Zeichen „ Vorwissen!
Wichtigste Zeichen sind jedoch das 5. und das 6. Zeichen! Den diese beiden Zeichen verbinden sich zu einem Schiffssymbol, welches generell die Leserichtung in Bezug auf seine Bugrichtung (der Bug ist das zweite I mit dem I-Punkt nach unten und das Zeichen Delta ist als Segel zu interpretieren) vorgibt.
Und nicht nur dieses. Denn der Bugwinkel ist gleichzeitig der Datierungswinkel des Steines und gibt sein Herstellungsdatum mit dem ersten Monat der 5. Sonne und des 3. UKO an.

Wer nun bei obigem Text genau aufgepasst hat, wird in der Lage sein, jetzt das Datum nach heutiger Datierungsangabe zu berechnen.
Es klappt noch nicht? Hier ein Hinweis: Es ist die Zeit 676 nach Null.
Wieso nach Null ?
Um dies zu verstehen muss der Leser sich noch in die weiteren Kapitel vertiefen, sozusagen als kleine, aber hoffentlich vergnügliche Strafe, sich doch zukünftig intensiver mit den Fakten auseinander zu setzen.

Das zweite Schiff unterhalb der zweiten Schriftreihe, welches identisch ist mit dem Schiff auf dem Diskus von Phaistos als Schiff des Einzelnen, zeigt nun in die andere Richtung und besagt, dass die über ihm stehende Schriftreihe auch in umgekehrter Richtung und somit von rechts nach links zu lesen ist.
Somit hätten wir also hier die Aussage: OiL ETO IS IMA die gemäß der Positionen im minoisch-atlantischen Kreis dies „ beschreibt“ : Verbindung des Beginns der Richtung an diesem Ort – ist – Darstellung des Beginns Unser.

Das Delta als Schiff befindet sich übrigens auch auf der Schriftwand von Traunkirchen, in der Kienklammhöhle bei Rußbach im Grabe Philippos des I.

und, hier könnte man fast schon sagen logischerweise, auf der fünften Stufe der Sonnentreppe der Anlage von Phaistos/Kreta.
Wie im Stein von Agia Fotia Meta ragen auch aus dem Delta im Kienklammbereich und in Phaistos aus der Spitze des Delta-Dreiecks zwei entgegengesetzt richtungsweisende Kreisabschnitte.
Sie symbolisieren Lilie und Hyazinthe als die Bezeichnung der Alten für die Sternbilder Schütze und Skorpion und ihre Nullposition.
Wem dies nicht klar sein sollte, der betrachte sich zum Beispiel das Sternbild des Skorpions in sternklarer, möglichst kretischer Nacht. Wenn er dies perfekt erleben möchte, sollte er dies in einer Juni/Juli Vollmondnacht in Gunnars Taverne in Kapetaniana tun. Er wird sehen, wie zunächst der Vollmond aus dem Gipfel des Kofinas wächst und ein paar Minuten später der strahlende Jupiter!
(Kofinas ist der Zentralberg der Sternenberge – Asteroussia und bedeutet im minoisch-atlantischem = Darstellung des Weges und des Beginns des Zentrums. Dieser Kofinas liegt übrigens genauso auf dem 35° Breitengrad wie die Insel Paximadia)
Wenn er sich von diesem Schauspiel löst und sich cirka 90° nach rechts wendet, wird er das Astralgemälde der Hyazinthe erkennen! Und dies ist dann so sternenklar und unvergesslich, dass er dieses Bild dann auch auf dem Diskus von Phaistos erkennen wird, wobei die Hyazinthe natürlich dort die gleiche Aussage hat, nämlich das Sternbild des Skorpions!

Der Stein von Agia Fotia Meta ist auf mindestens 8 verschiedenen Ebenen so aussagekräftig, dass mit diesen Erkenntnissen auch andere Lochsteinschriften, wie der berühmte Diskus von Phaistos, interpretiert werden können.

Erste Ebene: die Form. Ober- und Unterseite weichen in Maßen und Gestaltung voneinander ab.
Zweite Ebene: Der ursprüngliche Farbton gibt eine Grundinformation
Dritte Ebene: Grundinformationen werden durch das Grundalphabet von 16 + 2 Positionen gegeben.
Dritte Ebene: Konkretisierung der Grundinformationen wird über Tendenzen erreicht. Die Nähe der Position B zu I, z.B. bestimmt, ob i-B zu lesen ist oder B-i.
Vierte Ebene: Die numerologische Lesung macht die Maße von Schriftkörper und Symbolen oder Schrift kontrollierbar.
Fünfte Ebene: Winkel ergänzen Abstände und Grundmaße, besonders im Datierungsbereich.
Sechste Ebene: Datierung erscheint zuerst als Grobdatierung und wird dann weiterführend verfeinert.
Siebente Ebene: Einführend sind immer Basissymbole, wie das Schiff mit einem Mann im Zentrum des Steines. Dieses Schiff ist meist Datenträger über den Bugwinkel.

Achte Ebene: Kombination von Symbol und Buchstabe/Lautsymbol ist häufig. Schiff mit Y-Omega z.B.
Neunte Ebene: Eine Leserichtungsänderung kann klar angezeigt sein.
Zehnte Ebene: Zusammenhänge werden sichtbar gemacht, wie auf dem Schriftstein das Schiff unter der Schrift. Somit Schriftteil über Wasser gleich Antiwasser gleich Atlanti.

Tatsächlich jedoch fanden die Arbeiten in genau entgegengesetzter Richtung statt. Nachdem nämlich die Leseanweisung zum Diskus erarbeitet war, brachte der Stein von Agia Fotia Meta den ersten Beweis für die Richtigkeit der Lesungen des Diskus, denn er bestätigte das Prinzip in den numerologischen Aussagen!

Einfachste Lesung des Diskus von Phaistos:

Außenkreis Seite A:
Mensch 5
Wissen 4
Mensch 5
Bewusstsein 3
Mensch Bewusstsein und Wissen 5 3 4
Mensch Bewusstsein Bewusstsein Bewusstsein 5 3 3 3
Mensch Leben 5 2

Außenkreis Seite B:
Wissen Wissen Wissen Wissen Mensch 4 4 4 4 5
Wissen Verbindung Sonne 4 8 12
Bewusstsein und Wissen der Erde 3 4 7
ist Wissen des Menschen als rationales Prinzip 4 5 9
Mensch und Sein ist Dynamik 5 1 6

Von Seite 1 Spiralbeginn Seite B bis Spiralende Seite A:
Sein des Wissens des Menschen 1 4 5
Bewusstsein der Dynamik des Menschen ist Nacht 3 6 11
Wissen der Verbindung und Bewusstsein der Nacht 4 8 3 11
ist Bewusstsein des Lichts des Wissens des Menschen 3 14 5
Wissen und Bewusstsein der Erde ist Bewusstsein des Lichts 3 4 3 10
Wissen des Menschen ist des Menschen Licht des Wissens 4 5 5 14
Des Menschen Wissen des Lebens der Dynamik ist Nacht 5 4 2 6 11

Nachtseite geht hier in die Tagseite über (B zu A ; von 3 zu 8, Dreieck – 8er-Rosette)
Bewusstsein der Verbindung 3 8
Sein des bewussten Wissens des Lebens der Dynamik 1 3 4 2 6
Sein des Wissens des Menschen und des Lebens der Erde 1 4 5 2 7
Bewusstsein der Dynamik des Wissens des Lichts 3 6 4 10
Bewusstsein des Wissens der Erde als Licht des Wissens 3 4 7 14
Wissen des Lebens als Dynamik 4 2 6
Dynamik des Wissens des Lebens als Licht der Sonne 6 4 2 10 12
Der Erde des Wissens des Lebens in Nacht und Sternen 7 4 2 11 13
Der Dynamik des Lebens als Verbindung 6 2 8
Nun der Außenkreis A als 6.Jahr:
Leben des Menschen der Erde 2 5 7
Des Menschen Wissen als Rationales Prinzip 5 4 9
und der Menschen Bewusstsein als Verbindung 5 3 8
ist der Mensch als Wissen des Rationalen Prinzips und 5 4 9

des Wissens als Sonne 4 12 ist der Mensch als Bewusstsein der Dynamik des Rationalen Prinzips 5 3 6 9
ist des Menschen Leben der Erde 5 2 7

Abgeschlossen wäre eine Grundlesung schon vor dem letzten Absatz, denn Außenkreis A und Außenkreis B sowie die Spiralen B zu A sind gelesen.
Außenkreis A aber war die Einführung zu Ergänzungen, die erst in B vollzogen wurden.
Somit ist die 2. A-Lesung notwendig, um die Erfahrung von 1 A in 2 A anwenden zu können.

Die beiden hochgesetzten Zeichen im Diskuseingang können erst nach Erkennen als auf- und absteigend angenommen werden.
Erst wenn 2 5 (7) 4 11 gesetzt wird, dann ist in Leben Mensch Wissen 11/7 erkennbar gleich
1,5714286 gleich Sein des Menschen der Erde als Licht des Wissens vollständiger Verbindung der Dynamik gleich Pi/2 !

sichtbar. Das Minoische Meter von 1,04 Metern unseres Meßwertes sagt aus: Licht des Wissens!

Der Diskus von Phaistos / Kreta

Warum konnte der berühmte Diskus von Phaistos, 1908 von italienischen Archäologen bei den Arbeiten zur Freilegung der Anlage von Phaistos gefunden, bisher noch nicht oder nur falsch übersetzt werden, obwohl sich bisher weit über 20.000 Wissenschaftler an ihm versucht haben?

„ Aus Bequemlichkeit oder Überheblichkeit, vor allem aber aus Obrigkeitshörigkeit“ wäre die einfachste Antwort.
Tatsächlich jedoch gibt es weitere gravierende Gründe: Im Museum von Irakleio (Heraklion) ist der Diskus falsch herum aufgehangen; dies macht einen sogenannten Zufallseinstieg eher unwahrscheinlich.
Darüber hinaus gibt es keine Entzifferungsbemühung, die nicht auf der Evanschen Diskusarbeit aufbaut. Eine Anmerkung hierzu: Sir Evans ist der

Ausgräber des Palastes von Knossos, jedoch weder der Ausgräber des Palastes von Phaistos noch der Finder des Diskus.

Die Evansche Diskusabzeichnung jedoch ist falsch, welches sich für jedermann leicht nachprüfen lässt!

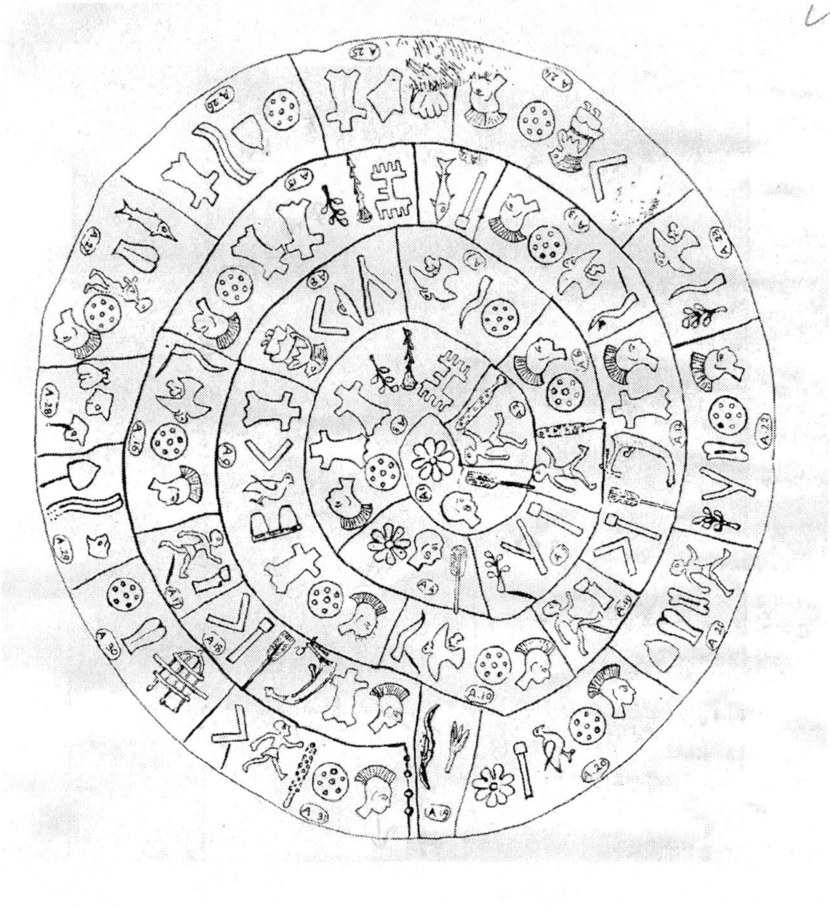

Dies sind die Fehler:
Der Eingang zeigt nur 4 Kreise und die Linie zum Mund fehlt.
Das Samenkorn im Zentrum fehlt.
Der Komet unter dem Kopf der Zentralmutter fehlt.
Der Schädel der zweiten Zentralmutter ist nicht geöffnet.
Das Antizeichen beim Antizentrum fehlt.
Das Zeichen Pelikan – Sternnebel wurde einfach weggelassen und wird als zerstört betrachtet.
Die Diskuszeichnung von A. Evans zeigt alleine bei der Vorderseite des Diskus 23 Auslassungen, wie von jedem Laien überprüft werden kann.
Auch die im Zusammenhang mit Diskusarbeiten gerne verwendete Zeichenliste der Symbole von E. Stefani weist nur 45 Zeichen auf.
Alleine das fehlende Zeichen des Sternennebels muss irreführen.

Die darüber hinaus fehlenden Antizeichen, immerhin neun an der Zahl, erhöhen die Diskuszeichen auf 55, statt der angegebenen 45. Somit gibt es hier natürlich eine weitere, gravierende Fehlerquelle.
Anti heißt entgegengesetzt. In den Begriffen Arktis und Ant (i) arktis hat sich auch bei uns noch ein wichtiger dualistischer Rest erhalten. Unser Wort Land kommt aus dem Minoischen ATL-ANTI, wobei ATL Wasser bedeutet.
ATLANTI somit gleich Gegenwasser in der Bedeutung von Land. Atlantis ist die Darstellung des Gegenwassers und somit ein Modell.
Viermal erscheint zum Beispiel das Zeichen Flamme in den Sätzen der Tagseite, davon einmal mit dem Antizeichen und einmal mit dem verstärkten und gekrümmten Antizeichen.

Ohne Antizeichen symbolisiert die Flamme das aufsteigende Feuer in der Bedeutung von :Auf !
Mit Antizeichen versehen jedoch erhält die Symbolik die Aussage: Ab!
Versehen mit dem gekrümmten Antizeichen ist die Aussage gar: Auf und Ab!

Ergo: Der Evansche Diskus bzw. seine Zeichnung desselben ist bewusst oder unbewusst verschlossen (worden).

Den Diskus und seine Aussage kann man nur verstehen, wenn man dies in Verbindung mit dem Palast von Phaistos, dem Mavri Ida und anderen, auf Kreta vorhandene Marken, Zeichen und Symbole setzt.
Besonders ist er nicht zu entziffern, wenn man sich nicht die Mühe macht, in das Denken der Menschen dieser frühen Zeiten einzudringen, und man sollte auch unterlassen, den heutigen Denkstatus auf diese Zeiten zu transferieren.

Folgende überprüfenswerte Aussagen zum Diskus nach einer mehr als zwanzigjährigen Arbeit an und mit ihm:

Der Diskus ist lesbar, denn er wurde „geschrieben“.

Der Diskus ist ein universales Informationsmittel.
Seine Logik erscheint uns fremd, da unsere Kommunikation auf angelerntem Wissen aufbaut und nicht auf den Schlussfolgerungen, die ein anderer zu ziehen in der Lage ist. Der Diskus wendet sich an jeden Menschen. Wenn dieser bereit ist bei dem Samenkorn zu beginnen, kann er durch die Lektüre des Diskus in eine höhere Wissensstufe gelangen.

Mit dem Diskus beginnt ein neues Kapitel der Vergangenheitsforschung und der Zukunftshoffnung.

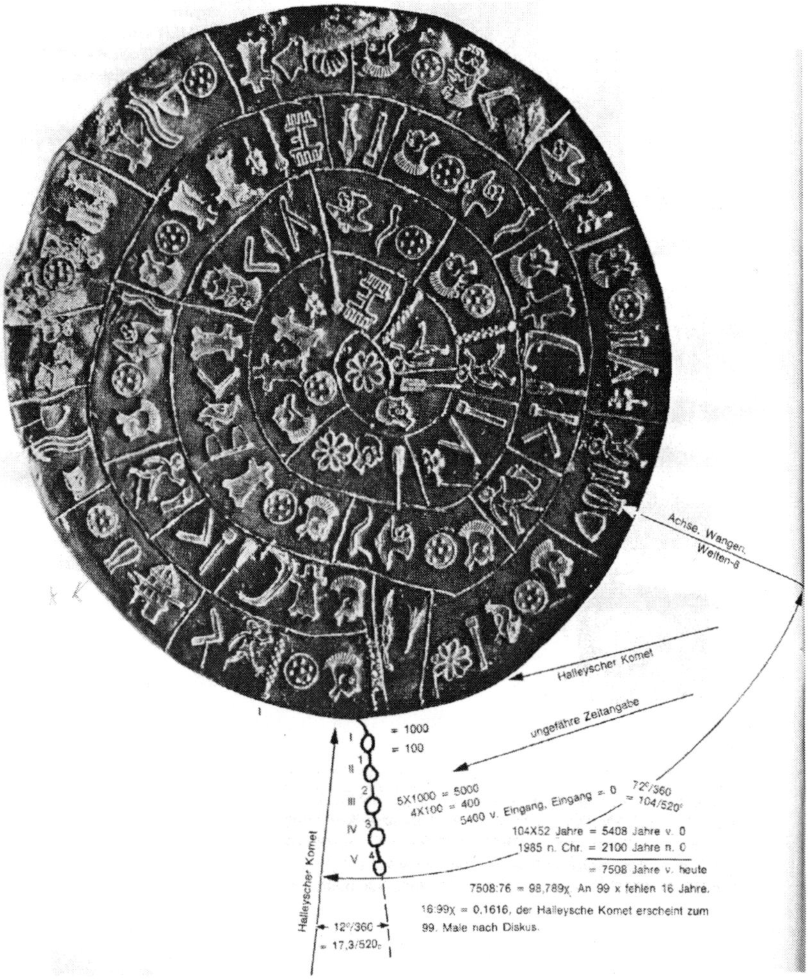
Achse, Wangen,
Welten-8
Halleyscher Komet
ungefähre Zeitangabe
= 1000
= 100
I
II
III
IV
V
1
2
3
4
5X1000 = 5000
4X100 = 400
5400 v. Eingang, Eingang = 0
72°/360
= 104/520°
104X52 Jahre = 5408 Jahre v. 0
1985 n. Chr. = 2100 Jahre n. 0
= 7508 Jahre v. heute
7508:76 = 98,789χ. An 99 x fehlen 16 Jahre.
16:99χ = 0,1616, der Halleysche Komet erscheint zum
99. Male nach Diskus.
Halleyscher Komet
12°/360
= 17,3/520°

Wann wurde der Diskus angefertigt?

Die kleinen Eingangskreise haben mehrere Bedeutungen. Natürlich war der Moment des Sprechens der Anfang des Diskus. Der ungefähre Zeitpunkt wird auf dem Diskus selber mit 5400 v 0 angegeben, wobei der Erdachsenwinkel (2x Welten-Acht bei der 8ter Blüte) von 72° den genauen Zeitpunkt von 5408 v 0 angibt. Die Aussage im minoisch-atlantischen ist: **"Des Menschen Wissen als Vollkommenheit der Verbindung/Des Menschen vollkommenes Wissen der Verbindung".**

Vorab zum besseren Verständnis der folgenden Aussagen die astronomische Erklärung der Präzessionswirkung:
Wegen der Schiefe der Erdachse = -23° Abweichung des Erdäquators von der Ebene der Erdumlaufbahn (Ekliptik) und der Kreiselbewegung der Erdachse verschiebt sich der Frühlingspunkt bzw. der Herbstpunkt (Schnittpunkt von Äquator und Ekliptik) um 1° in 72 –75 Jahren.
Diese Kreiselbewegung vollendet einen Umlauf in durchschnittlich 26.000 Jahren. (das sogenannte Platonische Jahr). Dabei bewegt sich der Frühlingspunkt (0° Widder) bzw. der Herbstpunkt (0° Waage) rückläufig durch die Tierkreiszeichen der Fixsterne.
Bitte diese nicht verwechseln mit den 12 astrologischen Zeichen, die je Zeichen eine 30° Länge haben, während die Tierkreiszeichen der Fixsterne sehr unterschiedliche Längen haben.

Präzessionsbedingt wandert die Sonne also rückläufig durch den Tierkreis, und zwar im Durchschnitt alle 72 - 75 Jahre jeweils einen Grad. Insofern ist der Informationswinkel von 75° mit dem ungefähren Wert der 1° Wanderung zu multiplizieren und man erhält die ungefähre Jahresangabe der Fertigstellung des Diskus.
Dieses Prinzip des Informationswinkels bezüglich der Zeitangabe findet man an vielen minoisch-atlantischen Anlagen und kultischen Gegenständen!

Gleichzeitig wird angegeben: Das Jahr des Kometen mit 76 Jahren Umlaufzeit. Natürlich ist dies der Bezug zum Halleyschen Kometen, der sich ja bekanntlich cirka alle 76 Jahre der Erdumlaufbahn nähert.
Darüber hinaus sind die 5408 Jahre 1/5 des Mittelwertes der minoischen Präzession von 27.040 Jahren.
Die 76 Jahre des Umlaufs des Kometen Halley sind eine ungefähre Angabe. Das langjährige Mittel dürfte bei 75,848 Jahren liegen.
Wichtig hierbei: Seine Umlaufbahn wird achtförmig angegeben und zwar um eine Antisonne. Dies bedeutet, das unsere Sonne ebenfalls einen noch (oder besser wieder) unbekannten Begleiter hat!

Wo ist der Beginn des lesbaren Textes?

Der entfernteste Punkt vom „Sprecher“ aus gesehen ist der Beginn des Textes. Dies ist der kleine Augenpunkt bei der Zentralblüte in der Spiralmitte der Tagseite. Denn wenn die Zentralblüte auf der Vorderseite die Sonne darstellt, dann ist die Vorderseite die sonnenbeschienene Seite der Erde und somit die Tagseite.
Dann muss sich auf der sonnenabgeschiedenen Seite im Zentrum das Zentralzeichen der Nacht befinden. Und dies ist im Sternbild des Cygnus (Schwan), welches die Alten das heilige Dreieck (UKO) nannten, in der Mitte des Nachthimmels der Galaxis.
Das Kleine ist Anfang des Großen: Der Same schafft die Blüte, der Trieb schafft den Baum, aus dem Baum wird das Schiff. Das Segel gibt dem Schiff Dynamik, das Kind der Gesellschaft.
Der menschliche Kopf mit der 8 auf der Wange (Mutter) kann erkennen (Verhältnis von Same zu Blüte (Pflanze) und kann deswegen anfertigen - umsetzen (Getreideähre in Ruder).
Um zu wachsen braucht der Same (Leben) Sonne und Wasser: Blüte = Sonne und Schiff = Wasserhinweis.

Was ist der Diskus wirklich?

1-4-5 sagen die Alten durch die Anfangskreise des Diskus (Eingang Vor- und Rückseite).
Gemäß der minoische-atlantischen Numerologie bedeutet dies unzweifelhaft:
„Sein des Wissens der Menschen!“
Deshalb ist der Diskus der Träger des Alphabets zur Lesung aller Lochschalen- und Näpfchensteine dieser Erde.
Er ist selber eine Lochschrift, wie die berühmte Doppelaxt von Zakro / Kreta auch.
Die Löcher sind im System zu lesen, ebenso wie im Einzelnen (durch die acht Blätter oder die sieben Kreise zum Beispiel).

Was ist der Diskus noch?

Der Diskus ist eine astronomisch – astrologische Karte:

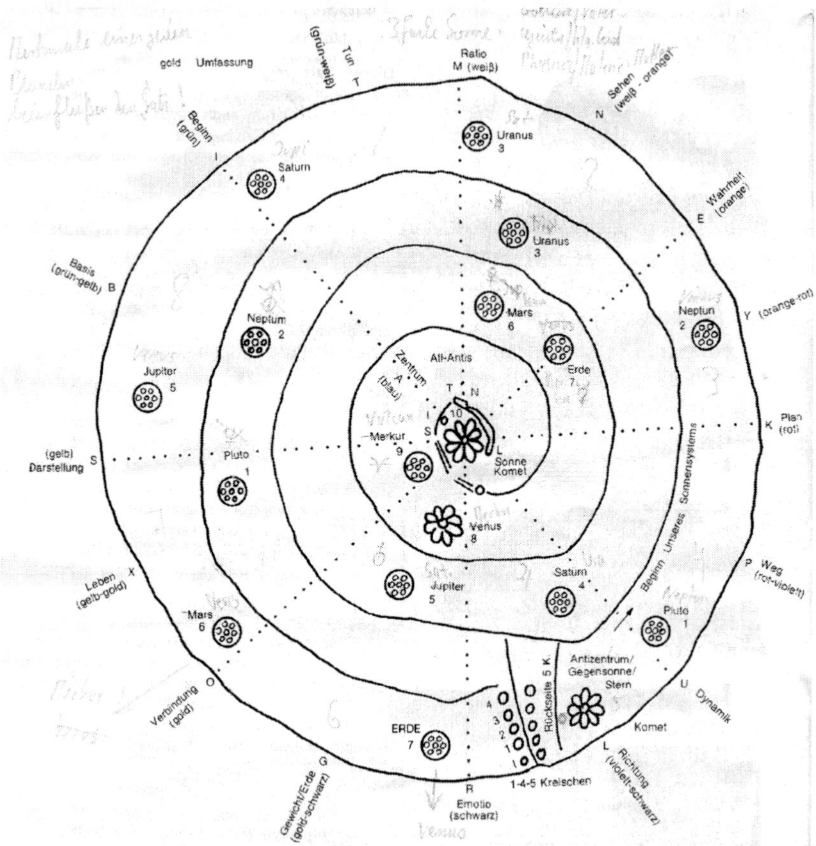

(B

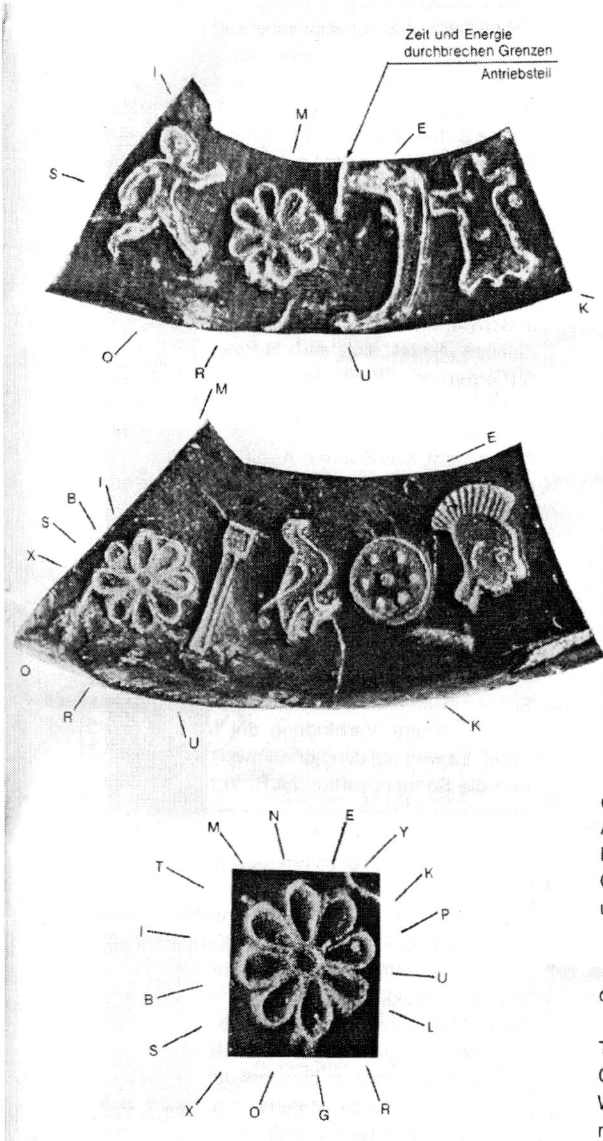

Numerologisch, mathematisch; astrologisch; astronomisch; spirituell-philosophisch; geometrisch und geographisch!
Dies ist die siebenfache Interpretationsschicht des Diskus!

Lässt sich die nächste globale - zyklische Katastrophe aus dem Diskus erkennen?

Die Anordnung etwa gleich großer Kreise, Punkte oder Symbole wie zum Beispiel die Blätter auf der Doppelaxt Zakro/Kreta oder die nebeneinander liegenden Reihen in der Nazca-Ebene /Peru fordern eine Reihenlesung.

Das Zeichen Venus befindet sich auf Position G des Diskus gemäß der Anordnung unten.
Somit ist der erste Hinweis: erdähnlich.

Nun beginnt die Aneinanderreihung der Laute ab Position G= GXBTNNYPL.
Gemäß des minoisch-atlantischen Alphabets hat dies die Aussage: Der Erde Lebensbasis des Tuns ist zu sehen die Zeit, den Weg und die Richtung.
Grundlage aller menschlichen Auseinandersetzung ist das Erkennen von oben und unten in Schwerkraft und Fliehkraft.
Untenstehendes Zeichen befindet sich auf der Position N :

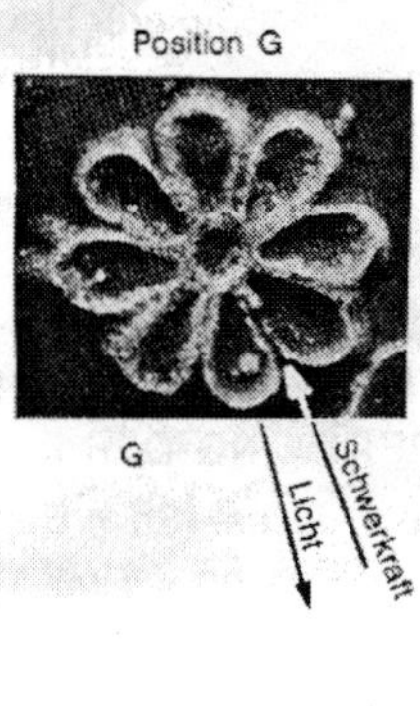

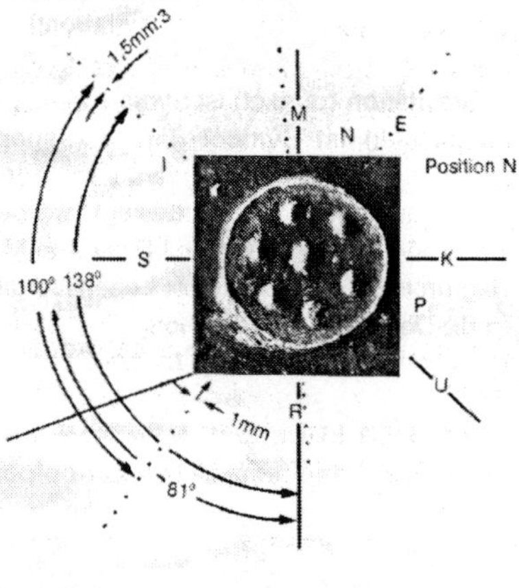

Somit gemäß der Symbolik des Alphabets: siehe minoischer Kreis.
Da aber auf dem Zeichen die Position N nicht gegeben ist, beginnt die Lesung mit dem folgendem Zeichen M.
Davor steht das Zeichen A, da es angegeben ist: A MASA o RAPA E = Zentrum in unserer Verbindung – Wahrheit des Sonnenweges!
Es handelt sich bei diesem Zeichen um Mars. Beide Monde sind eingezeichnet und stehen in 100° gegenüber.
100 = gesteigertes, verstärktes Licht! Somit wieder die Aufforderung: Aufpassen!

Io ist die Lesung des größeren Mondes und der kleinere Mond liest sich Goo = Beginn der Verbindung und Erdverbindung.
Der kleinere Mond steht in einer Position von 81° Breite : Verbindung der Materie (zur Erde)
Es wird auf den Sonnenweg hingewiesen und die Sonnenposition ist R
Von R zu Io beträgt der Winkel 138°!
138 bedeutet: (13 + 8) Stern der Verbindung.
Dieser Winkel ist sehr nahe dem Katastrophenwinkel von 140°. 138° und 140° Grad sind nur durch zwei Grad getrennt und somit aufeinander hinweisend.
Gemäß Diskus war die letzte zyklische Katastrophe 10.515 v 0 = 10.935 v. Ch. (in absoluter Übereinstimmung mit diversen alten Texten)

Einige Anmerkungen zur Bezeichnung v 0.
Die Alten kannten eine Trennung zwischen der Realzeit und der sogenannten Wahrheitszeit.
Die Wahrheitszeit errechnet sich aus dem Mittelwert der Sonnen von 52 mal 520 Jahren.
Ist die Länge des Sonnenlaufes bekannt (und die Länge des realen Jahres mit 365,20833 Tagen; siehe Kapitel Doppelaxt), dann ist die Zeit exakt berechenbar.
Bei der Realzeit ist der Präzessionswert der Sonnenwanderung angenommen als Durchschnittswert mit 26.000 Jahren und das Realjahr ist bekannt mit 365,20833 Tagen.
Das Normaljahr hat 360 Tage. 26000 dividiert durch 360 multipliziert mit 72 ergibt 5200 v. Null.
Der Diskus gibt 5 Jahre Vorzeit zu seiner Vorderseite an = 5200 minus 5 = 5195 vor Null.
Null = 115 v. Ch. plus 1986 (die letzte Annäherung des Halleyschen Kometen) gleich 7296 Jahre vor 1986 bedeutet bisherige 96 Umläufe.
Die absolute Zeit: 26000 : 365,208333 mal 72 gleich 5125,8415 gleich 7226,88415 gleich 95 Halleysche Umläufe plus/minus 6,8 Jahre. Somit muss der Halleysche Umlauf-Faktor etwas geringer sein als 76 Jahre.

Wieder zurück zur zyklischen und somit kosmischen (Kosmos: griech. gleich Ordnung) Katastrophe.
Platon bringt den Untergang des Restatlantis mit der deuklinischen Flut in Verbindung.
Diese Fluten treten in einem Zyklus von 13.520 Jahren auf.
Der Verursacher dieser Katastrophen, die wir als Sintflut kennen, ist der rote Planet Mars, den ein kosmisches „Ungleichgewicht" (wiewohl zyklisch in diesen Zeitabständen wieder ein Gleichgewicht) aus seiner sonstigen Normalbahn solange gravitativ zwingt, bis die Kräfte des Jupiter ihn wieder zurückkehren lassen.

Dies bedeutet eine so starke Annäherung der Umlaufbahn von Mars an die Erde, dass hierbei sowohl die Pole kippen, als auch ein Massenaustausch von Luft, Wasser und Vulkangestein zwischen Erde, Mond und Mars stattfindet.
Dies ist der Grund, warum im Eise der Antarktis sich ebenso Materie vom Mars wie in der Sahara fand.
Die Antarktis ist der achte Kontinent, der bei der letzten Katastrophe vereiste.

Geschichte zur Geschichte

Meridianus oder der doppelte Alte

Der Alte vor mit hielt seinen Esel zurück, damit ich ihn einholen konnte.
An der Wegkreuzung hatte ich ihn plötzlich vor mir gesehen. Der knöcheltiefe Staub unter den Eselhufen verschluckte jeden Trittlaut, so dass ich den vor mir Reitenden nicht hören konnte.
Die Sonne stand im Mittag.
Wenn ich schon so blöde war um diese Zeit zu reiten, warum war er dann auf dem Weg?
Der Mann vor mir war keinesfalls ein Riese. Der Esel jedoch war es in jedem Fall.
Der Mann auf seinem Riesen würde über mir sitzen, denn mein Furz, so und deshalb nannten wir unseren Esel, war nur ein kleiner Rosinenesel, den wir damals für meine Frau gekauft hatten. Dennoch stellt sich das niedliche Tierchen als Dynamitbündel heraus und meine Frau erhielt ein großes, aber friedvolles Tier. Jetzt hätte ich lieber auf diesem gesessen.
Langsam näherte ich mich der Gestalt vor mir. Furz zu zügeln hatte ich keine Lust. Seine schnellen Trippelschritte gaben ein angenehmes Reitgefühl und erzeugten einen kühlen Luftzug.
Außerdem wollte ich in den Schatten eines Kafenions. Trotzdem scheute ich etwas vor dieser nun unvermeidlichen Begegnung.
Der Hochaufgerichtete trug blaue Hosen, die in schwarzen Stiefeln endeten. Ein dunkelblaues Hemd wurde durch ein gleichfarbiges Tuch ergänzt, welches ums weiße Haar geschlungen war. Der verstaubte Alte trug Würde.
Der Alte grüßte zurück und hieß mich mit einer knappen Handbewegung neben ihm zu halten. Sein bäuerliches Gesicht war mir nun zugewandt.
„ Dies ist eine Insel“ sagte er, in die Landschaft weisend „ sind die anderen drei Inseln die versunkenen Inseln? Oder gibt es etwa auch sie noch?“
Ich versuchte gerade zu sitzen um meine Verblüffung zu verbergen. „ Da genau sind sie, unter deinem Esel. Genau auf der anderen Seite der Erde liegen sie. Sie liegen auf der Seite des großen Ozeans und heißen Tahiti. Und sie sind immer noch da!“
Zufrieden nickend entließ er mich. „Das ist gut zu wissen, Machs gut, ich danke Dir.“

Erst im Weiterreiten fiel mir auf, dass er mit der meridianen Handbewegung den Triasynora beschrieben hatte. Diesem Modell Kretas steht, den Längeneinteilungen folgend, der Triakarakia entgegen, der das Modell Tahiti ist. Gerade erst war ich von der Pyramide Akrias herabgekommen. Dort hatte ich mir beide Modelle aus anderen Winkeln angesehen.

Monate vorher war ich im Westen gewesen. Ein anderer Meridianus hatte gesagt: „ Wenn sich die Wissenschaft, einschließlich der Theologie nicht um einhundertachtzig Grad dreht, dann geht es bergab."
Dieser Mann, mit feinerer blauer Gewandung unter dem Gesicht eines Heiligen, schien ebenfalls kein Riese zu sein.
„ Hundertachtzig Grad hat Links zum Gegenpol von Rechts" hatte ich gefragt," oder steht als Wahrheit der Lüge gegenüber?"
Meridianus hatte mich ernst angesehen und dann laut gelacht. Mich an der Hand zur Tür ziehend sagte er: „Komm mit!"
Im Haus und draußen hatte er einige Anweisungen gegeben. Dann eilte er mit mir in den Morgen auf die Südseite des Ortes zuhaltend.
Wir eilten einige Straßen entlang ohne zu hasten. Es war das sichere Tempo eines Schäfers mit dem wir uns bewegten. Nichtschäfer bleiben meist zurück. Am Hügel hastet ich, damit es mir nicht auch so geschehe. Zwei Buckel erschienen über dem Hügel, die zu himmelragenden Säulen wurden.
Dann standen wir auf dem Hügelplateau.
Ich war außer Atem, nicht nur vom Eilen. Er wies auf die Säulen und sagte: „ Sieh, aber schau genau!"
Vor mir ragte das große U auf. Die minoischen Stierhörner aus dem Felsen gehauen.
„Meridiana!" sagte er.
Ich sah als Hufeisen links und rechts und Nord und Süd auf gleiche Höhe gehoben. So wie es Kreta und Tahiti als Modell darstellen: Das Wasser in gebogener Röhre sich auf gleicher Höhe haltend.

Der Diskus von Phaistos

Einstieg zur Lesung

Der Diskus soll und muss in seiner Sprache „reden“! Welche Wissenshöhe seine Erzeuger hatten ist zunächst unbekannt. Aufgrund dieser oder jener Erkenntnis könnte man sagen : “So muss er zu lesen sein!“
Bisher hat sich dies jedoch stets als falsch herausgestellt.
Natürlich ist der Diskus zu lesen und es gibt ein spezielles System, welches dieser Lesung zu Grunde liegt.
Wie bei vielen Dingen üblich ist der Anfang auch der Eingang!
Da das Schreiben in der Folge des Sprechens kommt, ist die Mundöffnung zu suchen. Diese ist außen und beim Menschen oben.
Die Mundöffnung unterscheidet sich von ihrer Antiöffnung unter anderem weil sie Zähne zeigen kann. Wichtiger jedoch ist: sie zeigt nach innen.
Da der Diskus ein Kreis ist, als Umfassung einer Scheibe, ist bei dem Außenkreis auch die Öffnung nach innen zu suchen.
Bei 12 Feldern stehen die 48 Zeichen (auf einer Seite!) annähernd auf einer Ebene um einen Mittelpunkt. Zwei Zeichen jedoch sind deutlich höher gesetzt. Deshalb müsste hier der Eingang sein, denn hier ist ein Unterschied feststellbar.
Legt man nun einen Finger auf diesen erkannten Punkt und einen anderen Finger gleicher Hand unter diesen Punkt, erkennt man, dass es auf beiden Seiten ähnliche Verhältnisse gibt. Somit wäre der Eingang gefunden.
Zunächst interessieren nur Ähnlichkeiten, denn Unterschiede sind erst dann zu beachten, wenn das System erkannt werden soll.
Auch auf der anderen Seite also findet sich der Unterschied zu den allgemeinen Schriftzeichen dadurch, dass hier ein Zeichen höher gesetzt ist als 49 andere. Auch bezüglich der Größe unterscheidet sich dieses Zeichen von den anderen, wie zum Beispiel von den 4 Zeichen, die in die Spirale gehören. Das eine Zeichen ist somit einem 13.Feld des Außenkreises zugeordnet, wie dies bei den zwei Zeichen auf der Gegenseite eindeutiger der Fall ist.
Eins und zwei erkennend kann die Lesung des Diskus beginnen. Nach links in den Diskus „hineingehend“ dämmert bei dem 11. Zeichen die Erkenntnis, die eigentlich schon mit dem 10. Zeichen hätte einsetzen sollen: Dies ist eine Einbahnstraße! Denn schon im Zeichen10 läuft ein Mensch in entgegengesetzte Richtung und im Zeichen 11 schaut erstaunt eine alte Dame.
Noch bevor es gelungen ist die folgende 2 auf der anderen Diskusseite zu finden fällt auf:
Der Eingang verengt sich nach außen. Bei den anderen 12 Feldern ist das Gegenteil der Fall. Außerdem stehen auf dieser Seite 49 Zeichen einer Zahl gegenüber. Somit gibt es ein Zahlenverhältnis von 50:1, welches einem Zahlenverhältnis von 50:2 gegenübersteht.

Auf der linken Seite ist der Außenkreis durch 5 kleine Kreise in einer senkrechten Kette verschlossen (1/10 = 50).
Die zwei Zeichen auf der Anti-1 Seite sind von drei Linien umgeben. Hier wird man erkennen, dass die Größenverhältnisse zur linken Seite führen, falls man sich mittlerweile führen lässt.
Dort sind zwei Zeichen Mensch (Menschenköpfe!) durch eine Sprechlinie verbunden. Diese Sprechlinie hat vier gleich große Kreise im oberen Bereich und eines, bedeutend kleiner, im unteren. Somit: 4 plus Linie, denn auf der entgegengesetzten Seite befindet sich die volle 5.
Damit ist die 4 plus Linie (sich in 5 ergänzend) auch als Falllinie erkannt, denn die Menschen haben die Angewohnheit den Kopf zu erheben.
Eine Falllinie folgt natürlich ebenfalls der Schwerkraft, welches zum Beispiel eine Flamme nicht tut. Die Flamme steigt lieber gleich einem Vogel hinauf um die Schwerkraft zu nutzen und um den Weg aus der Schwere zu weisen.
Seitdem jeder Antimund Worte spricht und nicht mehr Wörter, ist es noch schwerer geworden ins Zentrum der Dinge zu gelangen.
Nachdem die Schwerkraft im Diskus dargestellt erkannt wurde kann man dem Eingangszeichen folgend aufsteigen! Denn der Sprecher oben sagt dem Seher unten etwas. Der Sprecher aber gehört zur Spirale und diese hat ihren Anfang im Zentrum.
Ist ein Loch im Labyrinth, hört das Labyrinth auf noch eines zu sein.
Der Sprecher spricht das letzte Wort zu einer Zeit, in welcher der Seher erreichbar ist. Der Inhalt dessen, was der Sprecher spricht hatte seinen Anfang vorher. Damit der Seher den Sprecher verstehen kann, muss er seinen Augen beibringen, welches eigentlich die Ohren als ihren Bereich ansehen!
In der Spirale findet sich der Anfang zu 4 plus im Größenverhältnis des Samenkorn zu anderen Zeichen wieder. Bis zur Satzendlinie findet sich ein stark verkleinertes Zeichen sowie drei proportional gleich große. Damit also 3 plus.
Da die Laufrichtung des 5.Zeichens ab dem Samenkorn und die Kopfrichtung des 3. Zeichens nun den Richtungsverlauf bestätigen sind die erkannten Grundlagen sozusagen seit dem Eingang verwendbar bzw. anwendbar!

Das Samenkorn muss auf den Boden treffen um eine Blüte hervorzubringen.
Hervorbringen bedeutet überwiegend eine Erhöhung für die Blüte zu schaffen, denn sonst gibt es keine neuen Samenkörner.
Gemeinhin ist das Samenkorn kleiner als eine Blüte, denn unscheinbar hat es eine größere Überlebenschance. Eine Blüte aber hat in größerer Menge zu erscheinen oder zumindest auffällig zu sein, welches durch Oberflächenvergrößerung erreicht werden kann: Das Kleine ist Anfang des Großen. Dies ist der Grundsatz eines Systems, welches der Eins die Zwei folgen lässt.
Dann ist die Drei die Folge von Zwei und das Samenkorn zwar erstes Zeichen aber in der Wertigkeit Null. In diesem Fall Null plus = 0,2 von 1cm, welches der Durchmesser der Blüte ist. Null ist das Ende eines Zyklus und Beginn eines

neuen Zyklus. Solange es nicht aktiv ist, ist es Sein, denn zwischen Aktivität zur Vollendung und der Aktivität zum Neubeginn liegt eine Spanne reduzierter Zeit. Aktive Lernprozesse beschleunigen den Zeitverlauf. Gerade die Blüte ist damit ein Symbol für Leben, des gesteigerten Zeitverbrauchs. Damit ist das Leben in der Wertigkeit der Numerologie die Zwei. Die Drei steht für Bewusstsein, weil schon der unbewusste Einsatz von Zeit ihren Verlauf steigert. Setzt man an das Ende dieser Entwicklung den Mensch gleich Fünf, ist seine Möglichkeit die Vier, das Wissen, (um die Zeit) anzuwenden, eine Beschleunigung von Zeitabläufen, die dem Sein nicht möglich sind.

Jetzt wird auch deutlich, warum der Diskus als Kalender aufgebaut ist. Als solcher ist der Bootskörper, an dessen Bug sich das Samenkorn befindet, der Monat, der von uns Juli genannt wird. Juli bedeutet im Minoisch-Atlantischen : Beginn der Dynamik des Richtungsbeginns. Ianuari ist: Beginn des Zentrums sichtbarer Dynamik und Zentrum aufgehender Sonne. Er kommt an den Beginn des Jahres, denn dieses ist an die aufsteigende Sonne gebunden.
Das Samenkorn befindet sich somit im 1.Monat des 2. Halbjahres somit im ersten Vollmonat der absteigenden Sonne. Damit ist ein weiteres System des Diskus erkannt, nämlich dass der Zeiteinteilung.

Mit 1 – 3 – 4 ist der Schiffskörpersatz schon zu lesen: Sein des Bewusstseins des Wissen.
Die Falllinie zwischen dem Dezembersprecher und dem Dezemberseher bedeutet somit:
1 – 4 –5 gleich Sein – Wissen – Mensch, gleich Sein des Wissens des Menschen.
Da das Wissen zum Mensch „transportiert" wird, haben wir es hier mit einer Verbindungsform zu tun. 4,8 ist Wissensverbindung. 4,8 mal Rückseiten 5 ergibt 24 gleich Zeit.
4,8 einer Sonne zur 5. Sonne ist in der Wahrheitszeit 1/5 von 27040 Jahren (520 mal 52 Jahre!) gleich 5408 Jahre vor Null der 5. Sonne
Nach Realzeit ist dies 1/5 von 26.000 Jahren (27040 : 1,04) gleich 5200 Jahre vor Null.
Diese Zeit ist exakter als sie jemals von der Wissenschaft gegeben werden konnte.
Gültigere Zeitangaben beziehungsweise stimmendere Zeitangaben als jene nach dem Datierungswinkel zu finden, wird nicht möglich sein.
Dies sind die Aufzeichnungen unserer Vorväter, die Minoer genannt werden, da Minoas bedeutet: Die Darstellung des Zentrums beginnenden Geistes gleich Mensch.
In dem Wort Minoer ist der Mensch der Erde der Menschen angesprochen, welcher in dem Atlantis von Kreta und Tahiti sein Doppelzentrum hatte.
Wer dies nicht nachvollziehen will, muss Vergangenheit fälschen.
Dazu aber gibt es keinen guten Grund, denn der Menschheit wird dadurch Erfahrung genommen.

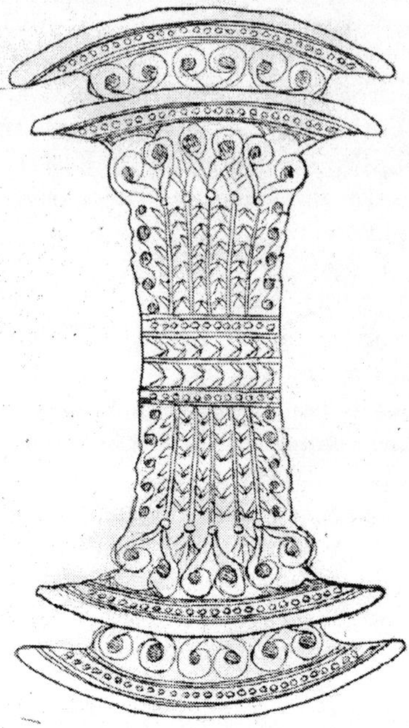

Die Doppelaxt von Kato Zakro
oder
der Minoisch-Atlantische Weltkalender

Bei seinen Grabungen in Kato-Zakro, Ostkreta, im Jahre fand der Archäologe Platon den Palast von Kato Zakro.
Sakro heißt im minoischem : „ im Plan der Materie“.
Kato ist heute im griechischem nur ein Lagehinweis: unten , im Sinne von unteres Sakro.
Bei den Grabungen fand sich in einem Raum die Doppelaxt, welche die Axt mit der besonderen pflanzlichen Ornamentik genannt wird.
Tatsächlich fand Platon damit das Modell der Doppelaxt, die 500 m lang, als Träger der Weltzeit und der Weltgesetze, den Gipfelbereich der Doppelpyramide Mavri-Ida schmückte.
Die Mavri – Ida - Axt war aus Bronze gefertigt und vergoldet, wie die Axt des Modells von Kato Zakro.
Sonnenbeschienen in einem gewissen Winkel schien die vergoldete Axt bis nach Ägypten. „ Siehe das goldene Kreta, welches seinen Glanz zu uns hinüber scheinen lässt“ hieß es bei den alten Ägyptern.
Dargestellte Pflanzen auf der Doppelaxt sind Lilien mit zwei und drei Blüten.

Die 2er Blüten finden sich auf den inneren und die 3er Blüten auf den äußeren Axtschneiden.
Unter dem Fruchtknoten, in denen die Blüten enden, beginnen die Pflanzenstängel mit Blattpfeilen nach unten von 2 halben Pflanzenstängeln eingerahmt.
Ein Halbrohr, ein halber Pflanzenstängel, ist in Mittelamerika noch heute : eine Woche!

Die Doppelaxt hat Löcher in drei verschiedenen Ausprägungen:
kleine, die Axt durchbrechende Löcher (Venuslöcher),
größere, ebenfalls die Axt durchbrechende Löcher (Mond-Sonnenlöcher) und die Axt nicht durchbrechende Löcher als Fruchtknoten (Stundenvertiefungen)
Die Wissenschaft nennt gleiche Löcher in gleicher Reihenfolge: Schalen, Löcher und Näpfchen.
Gemessen an diesen Bewertungskriterien gehört die Doppelaxt somit in den Bereich der Loch-, Schalen - und Näpfchensteine, obwohl sie aus Bronze ist.
Lochsteinkalender, gleich der Doppelaxt, sind der Aztekenstein und der Stein der Mondgöttin; beide in Mexiko-City.
Ebenfalls ein Lochsteinkalender ist der Diskus von Phaistos und das Blatt der 5 Weltlegenden/Mexiko/Codex Fejervary-Mayer.
Der Diskus ist aus Ton und der Codex aus Pergament.
Loch-, Schalen- und Näpfchensteine zeigen sich überall, wo der Mensch als Minoer-Atlanter die Erde betrat. Und dies ist in der Regel jeder Flecken Erde , der älter als 5000 Jahre ist.
Spätestens im Zuge der Christianisierung endet die Anfertigung der Lochsteine; leider beginnt im Zuge der Verbreitung der toleranten Religion auch deren Vernichtung.
Damit verschwindet, teilweise durchaus gewollt, verantwortlicher Vergangenheitsbezug und menschliche Zukunftserhaltung, denn die Loch-, Schalen- und Näpfchensteine sind das älteste Schriftsystem.

5 Fruchtknoten zeigt die Doppelaxt auf jeder Seite. Aus den Fruchtknoten kommen die Blütenspiralen. Jeweils oben und unten gehen die Kreisabschnitte der Fruchtknoten in die Löcher der Venuszählung über und erhöhen sich von 5 auf 7.
2 mal 7 gleich 14.
Die Pflanzenstängel in der Mitte der Axt gleich Zentrum zeigen keine Fruchtknoten: „ Ohne Samenkorn keine Pflanze und ohne Fruchtknoten kein Same! Also denke dir Samenkorn und Fruchtknoten!“
Damit erhöht sich die Positionsanzahl auf 16. Wobei gedachtes Samenkorn und Fruchtknoten R und M als tiefste- und höchster Laut des minoisch-atlantischen Kreises erkannt werden müssen.

Im Gegensatz zur heute vorherrschenden Ansicht „ alles außer dir selber hat keine Ahnung“ gab es bei den Alten die Auffassung: „ Du bist nicht klüger als die Anderen. Solltest Du etwas über Deinen Zeitgeist hinausgehen können, dann zeige dieses und helfe den anderen Dir zu folgen!“
Diese beiden Ansichten bewirken kulturellen Abstieg oder Aufstieg. Darum konnten sich die Alten erlauben auch andere denken zu lassen.
Und deshalb sind die Löcher auch numerologisch informativ.
5 Fruchtknoten plus 2 Venuslöcher gleich 2 zu 5 zu 7.
Bedeutung im Minoisch-Atlantischem: Leben des Menschen der Erde plus 6 zu 12 Blütenlöcher gleich: 2-5-7—6-12 gleich: Leben des Menschen der Erde in der Dynamik der Sonne!
Die Dynamik der Sonne bedeutet auch: in der Erd – Sonnenzeit und dies bedeutet weiterhin: in der Verbindung des Kalenders!

Halb-Rohr sagen noch heute die Alt-Amerikaner zu einer Woche. Deshalb zeigen sich im Zentrum der Doppelaxt links und rechts jeweils ein Halbrohr als halber Pflanzenstängel.
Jeder dieser halben Pflanzenstängel zeigt 7 Blätter.
Eine Woche besteht hier auf Erden (Erde ist 7. Planet und trägt daher den numerologischen Wert 7) schon laut Alten Testament aus 7 Tagen.
Dann sind zwei Halbrohr = 1 Rohr = 14 Tage.
1 Rohr und 2 Halbrohr sind dann folgerichtig 28 Tage = 1 Mondmonat oder ein Menstruationsmonat.
Wenn der Mondgöttin in Mexiko die Kalenderzählung der 13 Monate zukommt, dann werden die Mexika (Seele rationaler Wahrheit des Lebensbeginns) Mond und Weib gerecht.
Wenn wir einen Abreißkalender mit 365 Tagen bis zu unserem Geburtstag zählen können, dann werden wir bestenfalls uns selber gerecht. Und dies tun wir doch am Liebsten.
Die Alten bauten bewusst den Weltkalender so auf, dass der erste Zentralmonat (im Zentrum) 28 Tage zeigt. Ergibt sich doch so für den Januar, den Basismonat des Jahres, die Reihung: 7-14-21-28 = Der Erde - Licht des Wissens- und vollkommenes Sein – ist Vollkommenheit der Verbindung!
Erster Monat mit Fruchtknoten und Blüten ist der links abgehende Februar.
6-12 Blätter plus 1 Fruchtknoten = 2 Blüten = 6-12-1-2 = Dynamik der Sonne ist Sein und Leben.
Dabei trägt Fruchtknoten und Blüten die Aussage: Sabaxo = In der Basis des Lebens!

Die Doppelaxt stellt mit kleinem Kreis (innere Axt) und großem Kreis (äußere Axt) die beiden Weltkreise- und damit die Erde dar.

Ihr Zentrum mit dem Januar als ersten Jahresmonat und dem Juli als achtem Zentrumsmonat, ist somit die Darstellung Kretas und Tahitis als die beiden Weltzentren in Einem.
Tahiti ist dabei Zentrum der Mutter und des Wasserkreises, während Kreta Zentrum des Vaters und des Festlandkreises ist.
Wasser, sagten die Alten, gibt allem das Leben und ist damit mütterlich.
Festland ist lebensfeindlicher aber dadurch artenfreundlicher und damit väterlich.
Die Erde zeigt aber auch die zwei Kreise der Sonnenseite und der Sternenseite (siehe auch Diskus von Phaistos), deswegen teilt sich der „Normaltag“ im Zentrum in 2 mal 12 Stunden.
12 Tagesstunden stehen 12 Nachtstunden gegenüber.
Information = 12-24 = Der Sonne vollkommenes Wissen. Wie 12 als Licht des Lebens (10 = Licht) = Sonne ist, so ist 24 als 20=Vollkommenheit (2 mal Licht) und 4 = Wissen für vollkommenes Wissen = Zeit.
Da das Zentrum eine Einheit ist und sowohl den Normaltag mit 24 Stunden wie auch den Normalmonat mit 28 Tagen enthält, ergeben sich 52 Einheiten.
Diese 52 stehen für die 52 Jahre des Halben - Großen Jahres.
In 52 Jahren wandert der Sonnenaufgangspunkt rückläufig präzessionsbedingt um 1/520 des 360° Tierkreises nach Süden.
Nach 520 mal 52 Jahren geht die Sonne dann wieder am gleichen, altem Punkt auf.

Silvester, als letzter Tag des Jahres, lässt sich aus dem Minoisch-Atlantischen leicht übersetzen.
Das kann nur denjenigen überraschen, der Kreta als Ort einer lokalen Vergangenheit sieht.
Kreta aber war in jenen alten Tagen Weltsprachzentrum, wie es Rom einmal werden sollte und London jetzt sein könnte.
Die einzige Weltsprache, die global über 13.000 Jahren (und seit 600.000 Jahren) immer wieder Bedeutung hatte, ist das Minoika (ka steht für Seele und damit auch für Sprache).
Grundwort für Minoisch ist Minoas = Darstellung des Zentrums rationalen Beginns und sichtbarer Verbindung.
Also: wo Verstand und Verbindung sichtbar wird = Mensch!
Silvest(er) = Tätige Darstellung des Beginns der Richtung und Basis wahrhaftiger Darstellung = Besinnungs-Ausgleichtag.
Als 365. Tag = 3-6-5 = Bewusstsein der Dynamik des Menschen – Tag.
Nach dem Alphabet = Blau-Gelb-Rot = ASK = Zentrum der Darstellung des Plans.
Der Zentrumstag, als Tag zwischen den Jahren, war Tag der Jahreskorrektur und endete mit Sternenzeit im Begrüßungsfeuer des Neuen Jahres.

Das Jahr der Doppelaxt ist 360 Normaltage lang. Die Normaltage haben 24 Stunden. Alle Normaltage des Jahres ergeben 8640 Stunden. Diese Stundenzahl macht die Aussage: Verbindung der Dynamik vollkommenen Wissens.
Zu den Normaltagen kommen die 4 besonderen Tage der Wenden und Gleichen.
Die Gleichen haben 23 Stunden, die Sommerwende hat 27 Stunden und die Winterwende hat 28 Stunden.
Die 28 Stunden der Winterwende berücksichtigen, dass das Halbjahr der Südhalbkugel eine Stunde länger ist, weil die Erde dort einen Buckel zeigt.
(siehe Diskus von Phaistos)
Der besonderer Tag war der Tag zwischen den Jahren, mit 24 Stunden plus oder minus, da er mit Sternzeit endete.
Die Doppelaxtleute beendeten das Jahr exakt und kannten darum 8765 Jahresstunden mit der Aussage: 8765 = Verbindung der Erde durch Dynamik des Menschen. Unser Normaljahr hat 8760 Stunden mit der Aussage : Verbindung der Erde der vollkommenen Dynamik und selbst das nun notwendige Schaltjahr bringt uns nicht dazu zu schalten!
Die Stundenkreise sind rechts und links von 3 Linien begrenzt (auf den Axtschneiden).
3-6= Bewusstsein der Dynamik.
Somit nochmalige Unterteilung der Stunden in Minuten und Sekunden.
Aber auch in 24-26 = Zeit der Wahrheit –Einheiten.
Dies ist die Sonnenpulsation, die alle 2,6 Stunden den Sonnendurchmesser um circa 10 Kilometer vergrößert und wieder verkleinert.

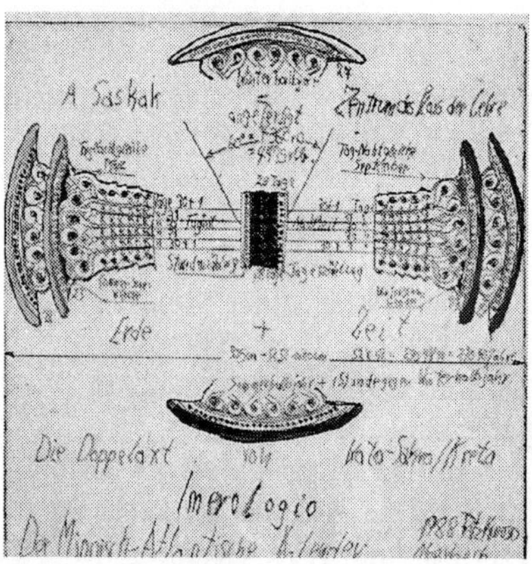

Der Zentralmonat der aufsteigenden Sonne – LogoRa- Januar.

Der Januar hat 28 Normaltage, keine Samstage und keine Sonntage.
Als Monat 1 ist er der Monat des Seins. Im Januar Geborene sind dem Sein/es ist verpflichtet.
1= ist Sein des Seins. Es ist keineswegs zufällig, dass die Christen ihn dem Basileus widmen.
Im Orthodoxen ist es der Tag des heiligen Königs Basileus. Vergessen wurde hierbei, dass Basileus schon König heißt. Nicht im Sinne von Herrscher, sondern im Sinne von 1., der die Basis ist.
Der Tag des Lebens im Sein ist der 2.Tag
Der Tag des Bewusstseins im Sein ist der dritte Tag
Der Tag des Wissens im Sein ist der vierte Tag.
Der Tag des Menschenseins ist der fünfte Tag.
Der Tag der Dynamik des Seins ist der sechste Tag.
Der Tag der Erde und des Seins ist der siebente Tag.
Der Tag der Verbindung des Seins ist der achte Tag.
Der neunte Tag ist der Tag des rationalen Prinzips des Seine; der Zehnte des Lichtes des Seins.
Tag elf gleich Fruchtbares Dunkel des Seins.
Tag zwölf gleich Tag der Sonne und des Seins.
Tag dreizehn gleich Tag der Sterne als Sein.
Vierzehnter Tag ist Tag des Lichtes des Wissens des Sein; Fünfzehnter Licht des Menschen und des Seins; Sechzehnter Licht der Dynamik des Seins; Siebzehnter Licht der Erde im Sein; achtzehnter Licht der Verbindung zum Sein; neunzehnter Licht des rationalen Prinzips im Sein; Zwanzigster Vollständigkeit des Seins.
21ist der Tag der Vollständigkeit des Seins im Sein; 22 ist der Tag der Vollständigkeit des Lebens im Sein; 23 ist die Vollständigkeit des Bewusstseins im Sein; 24 die Zeit im Sein; 25 die Realität im Sein; 26 die Wahrheit des Sein; 27 die Vollständigkeit der Erde durch Sein und die 28 als letzter Tag des Zentralmonats Januar ist folgerichtig die vollständige Verbindung des Seins.
(Januar – Ende = 360/28 = 12,857143 = 90/7 !)

Der Monat des Zentrum der Darstellung – SaBaXo- Februar.

Der Februar als Darstellungsmonat steht gegenüber dem Planmonat August.
Der Plan / K (siehe minoischer Kreis) ist „ wie die Dinge sein sollen"/ mütterlich.
Die Darstellung/S ist „ wie die Dinge sind"/väterlich. Somit ist der Februar auch der S-Monat.
Als zweiter Monat ist er der Monat des Lebens.

Der erste Tag des Februars ist der 29zigste Tag des minoisch-atlantischen Jahres und damit der Tag der Vollkommenheit des Rationalen Prinzips.
Als der 1.2. ist er der Tag Sein im Leben.; als 2.2. Leben im Leben (30. gleich Vollkommenheit des Bewusstseins); als 3.2. Bewusstsein des Lebens (31. gleich Bewusstsein des Seins); als 4.2. Wissen des Lebens (32. gleich Bewusstsein des Lebens) ; als 5.2. Mensch im Leben (33. gleich Bewusstsein des Bewusstseins); als 6.2. Dynamik des Lebens (34. gleich Bewusstsein und Wissen; als 7.2. der Erde Leben (35. gleich Bewusstsein des Menschen).
Anhand der Eingangstabelle und der Fortschreibung des Januars als Beispielmonat sollte es jetzt leicht fallen, die Bedeutung der Zahlenwerte der einzelnen Tage selbstständig bei Interesse weiter fort zu führen.
Besonders erwähnenswert erscheint noch der 15.2. als erster Sonntag des Jahres mit der Aussage Licht des Menschen im Leben und der Aussage aufgrund der Fortschreibung der Zahlenwerte als 43zigster Tag des Jahres: Tag des Bewusstseins und des Wissens.
Der letzte Tag des Februar ist gleichzeitig der 2. Sonntag des Jahres. Als 58. Tag des Jahres ist er der Tag der Vollständigkeit des Menschen in der Verbindung.

Der Monat des Beginns – ITaba – März

März ist Monat des Zentralberges des Kindes. Dieser Berg wird der Berg Moutsounas genannt. Er befindet sich im Gebirge des Kindes -dem Dikti-Gebirge- auf Kreta.
Moutsounas ist noch heute im griechischem Sprachgebrauch etwas kleines, winziges.
Die genauere Bezeichnung des Berges – Tomba this Moutsounas- bedeutet Grab des Moutsounas.
Zu diesem Zentralberg gehört die Psychro – Höhle als Höhle der Dyktina. Diese Höhle wird auch als die Geburtsstätte des Zeus angenommen.
Der erste März ist der 59. Tag des Jahres. Damit ist er der Tag des Menschen im rationalem Prinzip.
60 ist die Vollkommenheit der Dynamik; 61 die Dynamik des Seins; 62 die Dynamik des Lebens; 63 ist die Dynamik des Bewusstseins.
Der 64zigste Tag ist der Tag der Dynamik des Wissens; der 65. ist gleichzeitig der 7.3. gleich der Erde Bewusstsein.
Die Kombination von Dynamik des Menschen und der Erde Bewusstsein ergibt den tatsächlichen Erinnerungswert des Tages.
8.3. ist die Verbindung des Bewusstseins; 9.3. ist rationales Prinzip des Bewusstseins und somit der Tag, an dem man sich Gedanken über die Notwendigkeit des Bewusstseins in höchster Form der Ratio machen kann.

68 ist die Dynamik der Verbindung; 69 die Dynamik des rationalen Prinzips; 70 ist die Vollständigkeit der Erde; 71 ist Erde und Sein und als 13.3. ist er zugleich Bewusstsein der Sterne.
Der März endet mit dem 89.Tag, dem Tag der Verbindung zum rationalen Prinzip.

Der Monat der Basis, Grundlage und Frage – BaISoS – April

April ist der 4.Jahresmonat. Die 4 steht für das Wissen. Somit ist der April der Monat des Wissens.
Nach dem minoisch-atlantischen Kalender beginnt er mit dem 90 Tag des Jahres.
90 ist die Betonung von 9, dem rationalen Prinzip welches dem 9. Planeten zugeordnet ist.
Dieser 9 Planet in der Zählung von außen ist Merkur/Hermes.
Bis weit in die alte Zeit zurück reicht die Tradition, der Usus (Darstellung der Dynamik der Darstellung der Dynamik) am 1. April Fangfragen zu stellen.
Hierbei ging es weniger darum, den anderen in den April zu schicken sondern vielmehr darum festzustellen: Wo stehe ich im Wissen selbst?
Go-o-Ro gleich - der Erde Verbindung zur Materie – ist die Lesung der 3 Positionen der Blüten im minoischen Kreis, wenn man die Doppelaxt in Kreuzform bringt.
Dazu muss man die Doppelaxt nur so drehen, dass die 28 Kreise der Stunden auf die Südposition unten kommen.
Dann ist der mittlere Blütenkreis des Aprils auf Position G.
Links von G befindet sich o und rechts davon R. Da Rundes / Gebogenes sich mit O/Omega liest, ist die Lesung GO-o-RO.
ORO ist die Verbindung/Umfassung der Materie und wird in OROS zur Darstellung der Umfassung/Verbindung der Materie und somit zum Berg.

Der Lebensmonat als Monat zwischen Darstellung und Verbindung – XoSoS – Mai

Die 5 ist die Zahl des Menschen! Wenn 4, das Wissen, das Kreuz der 4 Himmelsrichtungen ist, dann ist die 5 das Zentrum des Kreuzes.
Als Seele des Kreuzes wäre er KA Rista gleich Christ.
Risti, noch heute in der finnischen Sprache Kreuz, ist ein minoisches Wort.
Üristi gleich Hohes Kreuz wird der Pyramidenberg bei Gergeri auf Kreta genannt, der auch als Mavroplati bekannt ist gleich schwarzes Kreuz.
Im griech. ephkaristo gleich: danke gleich: im Geiste des Kreuzes ist das Kreuz auch noch vorchristlich enthalten.
Maius minas ist die griech. Bezeichnung für den Monat Mai.
Maius gleich minoisch-atlantisch Darstellung der Dynamik unseren Beginns/ Beginn des Wir.

Minas gleich Darstellung rationalen Beginns zu sehen das Zentrum hat jedoch nichts mit dem Mond zu tun.
Die 12er Zählung als Jahreseinteilung ist sonnengebunden. Die 13ner Zählung ist mondgebunden und zeigt mit 13 mal 28 Tagen gleich 364 Tage plus Zentraltag der Doppelaxt gleich 365 Tage.
Dabei gilt das Zentrum als ein Monat und die 12 Blütenkreisspiralen erhöhen auf 13 Menstruationsmonate. Hier hat der Mond seinen Platz als aufbauende und abbauende Stabilität gleich weiblich.
Die heutige Muttergottesverehrung im Mai hat ihre Wurzeln in einer Zeit, die weit vor der christlichen liegt. Der Mai beginnt mit dem 120 Tag des Jahres gleich dem Tag der vollkommenen, mütterlichen Sonne.
Er endet mit dem 151. Tag gleich dem Tag des Lichtes der Menschen im Sein (im Monat des Menschen!)

Der Verbindungsmonat - oXoGo – Juni

Die 6 steht für Dynamik.
Der Juni enthält den 11. und den 12. Sonntag des Jahres und ist damit der Monat der Nacht und des Tages.
Zentralberg der Nacht ist der schwarze Ida, eben der Mavri-Ida, der Zentralberg der Mutter.
Der Gipfelbereich des Mavri-Ida gibt den Tag der Sommersonnenwende an. Der Westgipfel des Mavri stößt in die 2. innere Blütenspirale.
Mavri-Ida hat einen Gipfelabstand von 800 m. 50.000 mal 800 m ergibt die Äquatorlänge von 40.000 Km.
800 dividiert durch 6 (-tn Monat) ist gleich 133,33 gleich Stern des Bewusstseins gleich weiblich/mütterlich.
Da der März mit dem Gipfel des Grabes des Moutsounas verbunden ist, muss der Gipfelabstand dieses Zentralberges Auskunft geben, wer denn nun wirklich mit der Höhle der Diktina zu tun hat. (sozusagen die zweite Geburtshöhle des Zeuss), die bei Psychro zu finden ist.
600m ist der Gipfelabstand. 600 dividiert durch die 3 ergibt 200. 200 ist die Vollständigkeit (des Lebens)
Das Leben ist die Tochter. Deswegen minoisch-atlantisch Xo und dann griech. Xori gleich des Lebens aufgehende Sonne.
Die Höhle von Psychro ist somit die Höhle der Tochter. Und diese Tochter dürfte die Dyktina selber sein
Das Zentrum der Tochter war und ist Neuseeland.
Der Juni beginnt mit dem 152. Tag gleich Tag des Lichtes der Menschen im Leben. Der Sommerwendtag ist der 175. Tag gleich Tag des Lichtes des Erdenmenschen.
Dieser Sommerwendtag ist der 14.Sonntag des Jahres gleich Licht des Wissens-Sonntag.

Der Juni endet mit dem 182.Tag und damit genau mit der Hälfte der Jahrestage, am Tage des Lichts der Verbindung des Lebens.

Monat des Wir – TaMana – Juli

Die 7 ist das Prinzip Erde gleich allem Leben geben.
Iulius ist die Bezeichnung im griech. gleich Beginn der Dynamik des Richtungsbeginns. Als Monat der Schwerkraft/der Anziehung ist er mütterlich, also zum Zentrum Tahiti gehörend.
Der Juli ist der erste Monat der absteigenden Sonne des Nordbereiches und der aufsteigenden Sonne des Südhalbkreises.
Der Juli hat nur 28 Tage genauso wie der Januar. Denn 28 ist die Vollkommenheit der Verbindung. Tatsächlich teilen sich die Wochentage der 4 Wochen des Juli so auf: 7 – 14 – 21 – 28 gleich: Der Erde Licht des Wissens als Vollkommenheit des Seins und der vollkommenen Verbindung.
Die normale Woche hingegen teilt sich informativ auf in 6 – 7 gleich Dynamik der Erde.
Der Normalmonat, z.B. der Februar gleich 6 – 7 – 15 – 30 gleich Dynamik der Erde als Licht des Menschen und Vollkommenheit des Bewusstseins.
Der Juli beginnt mit dem 183. Tag gleich Tag des Lichtes der Verbindung des Bewusstseins gleich mütterlich.
Er endet mit dem 210.Tag gleich: Tag der Vollkommenheit des Lichtes / Tages gleich mütterlich und väterlich als Vollkommenheit.
Der 28.7. ist somit Vollkommenheit der Verbindung der Erde.
Die Etrusker behaupteten von sich, aus Atlantis abzustammen.
Sie waren die Lehrer der Römer. Wenn der römische Kaiser sich Julius nannte, ist der Urgrund in der Doppelaxt von Kato Zakro festgehalten.

Der Monat des Ostens – KcYaPa – August

Die 8 ist die Verbindung über das emotionale Prinzip, das Prinzip der Aphrodite / Venus.
Venus ist der 8.Planet von außen gezählt. Der Fruchtknoten dieser zweiwertige Blüte steht im
minoisch - atlantischen Alphabet auf der Position K gleich Plan gleich wie die Dinge sein sollten. Von K nach oben, jetzt immer die Fruchtknoten, folgt Y gleich die Zeit und darauf E gleich die Wahrheit.
Ist K rot und E orange, dann ist das dazwischen stehende Y rot - orange.
Mit dem letzten Kreis des Venuszyklus ist die Position N gleich Sehen erreicht.
Das Samenkorn/ der Fruchtknoten über dem Zentralstängel ist imaginär und bezeichnet mit weiß das M gleich Ratio/kopfbezogen. Zwischen weiß/M und orange / E ist das N als Wahrheit der Ratio / Sehen gleich orange – weiß.
Nach dem M folgt jetzt in gleicher Reihenfolge auf der linken-/ der Darstellungsseite das T gleich Tun (Venuskreis).

Mit dem Märzknoten folgen:
I gleich grün gleich der Beginn
B gleich grün – gelb gleich Basis
S gleich gelb gleich Darstellung
X gleich gelb – Gold (Ocker) gleich Leben
O gleich Gold gleich Verbindung
G gleich Gold – schwarz (dunkelocker) gleich Gewicht / Erde.
Von dem Venusloch G geht es zurück zur K - / Planseite. Unter dem Zentralstängel wird das R gedacht.
R gleich schwarz gleich Emotio gleich Süden.
Das untere Venusloch auf der K – Seite ist L gleich schwarz – violett gleich Richtung.
Es folgt das U gleich Violett gleich Dynamik gleich Südost und zwischen O und K das P gleich violett – rot gleich der Weg.
Numerologisch umgesetzt sagt diese Aufteilung: 1 –7 –8 –14 gleich Sein der Erde ist Verbindung zum Licht des Wissens.

Der Monat der Dynamik / Pachnesmonat – UloPa – September

Die 9 steht für das rationale/merkurische/hermische Prinzip. Dieses Prinzip ist die Grundlage der Doppelaxt.
Der Götterbote Hermes der späteren Griechen ist die Gestaltung dieses Prinzips. Wie sehr für die Alten Ratio und Emotio als sich bedingende Pole zusammen gehörten, zeigt der Begriff hermaphrodit als Zusammensetzung von Hermes und Aphrodithi. In der minoisch – atlantischen Zeit standen die beiden für Sohn und Tochter.
Ihre Weltzentren waren Novajala – Semlja (Sibirien) und Neuseeland. Ihre Zentren auf Kreta sind der Pachnes, der zweithöchste Berg Kretas in den Lefka Ori (den weißen Bergen) und das Grab des Moutsounas im Diktigebirge.
In der Mesara – Ebene (Ebene der Sonne) sind ihre Zentren die Pyramide von Agia Fotia Meta und die Pyramide von Charakas. Ihre Darstellung im Christlichen ist das junge Paar unter dem Kreuz. Auf orthodoxen Ikonen findet sich das alte Paar (Vater und Mutter) und das junge Paar (Sohn und Tochter) unter dem Kreuz ohne Korpus.
Ausgangssymbol dieses Kreuzes war in der Zeit der Alten die von Süd nach Nord laufende Milchstraße als Kreuzstamm.
Der Kreuzarm waren die von Agia Fotia auslaufenden beiden Flüsse Geropotamos (der alte Fluss) und der Anapodaris (Gegenfußfluss).
Geropotamos fließt nach Westen und der Anapodaris nach Osten gleich Kreuz des Lichtes und des Dunkels. An der südlichen Wurzel dieses Kreuzes finden sich die zwei heiligen Blumen Krinos und Psychi gleich Hyakinthos und Lilie gleich Schütze und Skorpion.

Der 15. Sonntag des Jahres ist die Tag – Nachtgleiche im September gleich Licht des Menschen.

Der goldenen Monat – PUKoK – Oktober

Die 10 steht für das Licht (siehe Erleuchtung). Damit müsste der Oktober eigentlich der weiße Monat sein. Ochto aber ist griechisch und bedeutet acht. Zieht man von den zwölf Monaten die zwei Zentralmonate ab erhält man die 10. Die Zahl Acht steht für die Verbindung und die Verbindung wird in der Farbsymbolik mit Gold ausgefüllt. Da der minoisch – atlantische Kalender ein globales Instrument war (Globus gleich Darstellung der Erde als Richtungsumfassung und Basis der Dynamik), kommt das Herbstlaub des Nordbereichs nicht für die Bezeichnung goldener Oktober in Frage.
Weil der Oktober eben der achte von zehn ist, ist er der goldene Monat.
Der Fruchtknoten des Oktober ist die P – Position gleich Weg.
Gegenüberliegend ist der Mai mit der X – Position gleich Leben.
Die Lesung von Oktober über Zentrum (A) zum Mai ist : PAXO gleich Weg des Lebens gleich Frieden.
Die Gesamtlesung der Planseite (Osten) der Doppelaxt ist dann EKU PAJA gleich Wahrheit des Plans der Dynamik des Weges der Zeit.
Der Oktober bringt weitere 3 Sonntage mit sich und umschließt somit den 18.Sonntag des Jahres. Die 18 ist gleich Licht der Verbindung.
Oktober beginnt mit dem 272.Tag gleich Vollkommenheit des Erdenlebens. Er endet mit dem 302.Tag gleich Vollkommenheit des Bewusstseins des Lebens.
In Oktober verbinden sich somit 10 gleich Licht und 8 gleich Verbindung zu vollkommenen Bewusstsein.

Der Erinnerungsmonat – YEKAPA – November

Die 11 steht für fruchtbares Dunkel gleich Nacht.
Der Novemberfruchtknoten trägt das Zeichen y gleich Zeit. Sein Gegenüber ist der April / mit Position B gleich Basis. November über Zentrum zu April gleich YABO gleich Zeit der Basisverbindung / Basisumfassung gleich in die Grundlagen gehen.
Der „ Dreifuß“ über dem Novemberfruchtknoten zeigt mit dem mittleren „ Weg „ auf die 2.Blütenspirale von oben gleich Y.
Nach oben folgt die nächste Position E gleich Wahrheit. Nach unten hin kann nicht die nächste Blütenspirale folgen, sondern erst die Übernächste (s. Diskus 5. Satz aus dem Zentrum der Vorderseite).
Wäre die nächste Blütenspirale K, so ist die übernächste P. Somit ist die Lesung der Novemberblütenspirale: EYAKIPA gleich Wahrheit der Zeit des Weges des Sein. Da im minoisch – atlantischen (wie im finnischen auch) das Ende eines Satzes die Hauptaussage ist, springt PA gleich Weg, an den Anfang des Satzes

gleich Weg der Wahrheit der Zeit des Plans. Der November war somit schon den Alten der Monat des Nachdenkens.
Bei Lesungen über das minoisch – atlantische Alphabet ist somit zu beachten: Für April, Mai und Oktober gilt die gleiche Regel wie für November nämlich das Überspringen des mittleren / unteren Nachfolgebegriffs.
Der November beginnt mit dem 303.Tag gleich Bewusstsein des vollkommenen Bewusstseins.
Er endet mit dem 333.Tag gleich Bewusstsein des Bewusstseins vollkommenen Bewusstseins gleich Dunkel im Dunkel als Möglichkeit zu 9 dem rationalen Prinzip.
Der November ist der Monat der Nacht.

Der Monat der Wintersonnenwende – EnaYa – Dezember

Die 12 ist das Symbol der Sonne als lebensspendendes Element. Die 12 ist eine Endgültigkeit in unserem Sprachgebrauch, denn 12 ist letzter selbständiger Begriff unserer Zählung.
Dreizehn ist viel entfernter, denn nun wird der 10er Abstand sicht- / fühlbar.
In den Fino – ugrischen Sprachen entfernt sich schon die acht in die 2. Gruppe der Zählung.
Üksi ist finn. für die 1 und kaksi ist die 2. Kadekan / kadeksan ist die 8.
2 vor 10 gleich 8 folgt nach der letzten vollständigen Zahl gleich seitsemän nach kadeksan gleich 8 kommt üdeksan / ydeksan gleich 9 und dann folgt kymensen gleich zehn.
Wenn schon die griech. deka gleich 10 in 8 und 9 aufscheint, warum wird dann nicht auch die kymenen gleich 10 deka genannt?
Tatsache aber ist, dass die fino – ugrischen Sprachen mit der 7 die erste Gruppe der Zählung verlassen und die indo – germanischen Sprachen mit der 13 in die 2. Gruppe gehen.
Die 7 plus der 13 aber ist das alte Zahlenverhältnis der Kalendergrundlage.
Genauer: alle Kalender der Alten stehen im Zahlenverhältnis 7 plus 13 gleich 20 gleich Erde und Sonne als Stern ist die Vollständigkeit.
Auch die Doppelaxt von Zakro betont diese Verhältnis: Laufender Hund plus 1. Stundenkreis – Zentrum plus 1. Blütenloch gleich 7 und 6 Blattpaare plus Fruchtknoten gleich 13.
Die vollständige Lesung der Fruchtknoten ist : RA MA S Iba Xoo Ma Ra K Upa Yae.
Somit ist die Doppelaxt die Sonne des Wir als Darstellung des Beginns der Basis der Lebensverbindung und unserer Sonne des Plans der Wegdynamik der Zeitwahrheit.
Das Jahr und der Dezember enden mit dem 364.Tag gleich Bewusstsein der Dynamik des Wissens.
Danach kommt der Tag zwischen den Jahren.

TA NA

ist minoisch-atlantisch und bedeutet: „Tu sehen / mach die Augen auf!"

„Dies ist ein Unterschied wie Tag und Nacht", sagt man, wenn deutlich gemacht werden soll, dass etwas nicht zu vergleichen ist. Wenn Tag und Nacht gleichzeitig sind, meinte unsere Schulwissenschaft, wird das Minoische wieder sprechbar sein. Soll heißen: „ Nie"!

Heute ist der 27 -1- 1999.
Es ist gleichzeitig Tag und Nacht. Ort dieser Gleichzeitigkeit ist natürlich immer ein beliebiger Punkt dieser Erde. Aber tatsächlich sehen wir ja immer nur die Hälfte dieser Wahrheit. Schauen wir jedoch genau hin, sozusagen global und nicht nur auf unseren Standpunkt fokussiert, erkennen wir die Hälften, nämlich die Sonnenseite und die Nachtseite. Wenn wir aber schon genau hinschauen, dann müssten wir auch bemerken, dass die Erde eine Wasserseite mit Tag oder Nacht und eine Festlandseite mit Nacht und Tag hat.
Die Pazifikhalbseite besteht überwiegend aus Wasser und die Atlantikseite besteht überwiegend aus Festland. In der Mitte aber dieser Hälften liegt das Mittelmeer.
Warum sollte es auch sonst so heißen?
Oder: Was veranlasste die Römer dieses Meer Mare Imbrium / Mittelmeer zu benennen, zumal sie doch an seinem nördlichem Rand saßen? Die von unserer Wissenschaft immer wieder gerne in das Spiel gebrachte Feststellung, dieses Meer bildete die Mitte ihres Imperiums ist zu vernachlässigen. Denn die Römer nannten das Mittelmeer schon so, als sie sich noch nicht einmal über die Grenzen der heutigen Toskana hinaus bewegt hatten. Oder sollten die Römer tatsächlich solche glänzende Visionisten gewesen sein?
Schon Homer, dessen Wirken selbst von unserer Wissenschaft als wesentlich älter als der Beginn des römischen Stadtstaates datiert wird, nannte das Mittelmeer Mesogaion.
Warum sich ein Odysseus dann darin vermeintlich verirren konnte, muss bei unserer gängigen, heutigen Betrachtungsweise ungeklärt bleiben

Alexander der Große folgte Homers Darstellungen bis zum östlichem Ende, der, wie man uns immer wieder weismachen will, damals bekannten Welt und einem kleinem Stück darüber hinaus. Versuchte er doch in östlicher Richtung die Welt zu umsegeln um sie zu vereinnahmen. Gängige Winde und herrschende Strömungen jedoch ließen dieses Vorhaben scheitern. Aber Alexander wäre nicht der Große genannt worden, hätte er seinen Versuch nicht erneut unternommen Nur wollte er es diesmal in westlicher Richtung versuchen.

Zum Gelingen dieses kühnen Vorhabens sollten Schiffe nach genauen Vorgaben gebaut werden. Und diese Schiffe sollten die Kreter bauen. Genau jener Kreter, die Alexander gerade erst die Unterstützung versagt hatten und auf ihrer Neutralität beharrten
Warum also übertrug Alexander diese vertrauensvolle Aufgabe ausgerechnet jenen widerspenstigen Kretern ?
War die Funktion Kretas und die Stellung der Kreter in der Mitte des Mittelmeeres (und damit als Weltzentrum) der alte- oder der neue Grund für Neutralität, Aufgabe, ja vielleicht sogar für die unerklärlichen Erfolge Alexanders ?
Dies mag auch ein Grund gewesen sein! In Bezug auf den Schiffsbau jedoch war es eher so, dass Alexanders sich der kretischen Tradition, oder besser der minoischen Talente erinnerte, die aufgrund einer überlegenen Seemacht einen so langen Frieden brachten, das er noch heute ob seiner außergewöhnlichen Länge von mehreren hundert Jahren als „ pax minoica“ berühmt ist. So stark war die Übermacht der minoischen Flotte, dass keine Festungsanlagen auf Kreta gebaut wurden.
Ein weiterer Beweis dieser damals beispiellosen Fertigkeit im Schiffsbau ist unter anderem auch, dass der Haupttext des berühmten Diskus von Phaistos mit dem Zentralschiff und nautischen Angaben beginnt.

Diese Kreter, diese Minoer!
In Ägypten bauten sie im Altertum Pyramiden (Anlage von Harlage) und Mittelmeeranrainer ließen sich von ihnen den richtigen Aufbau ihrer Tempelanlagen und Palastanlagen erklären (Arlalach/Kleinasien).

Noch das späte Rom lässt Kreta weitgehend verschont, nachdem es erst sehr spät "erobert" wurde, weil man den Kretern u.a. Unterstützung der im Mittelmeer ihr Unwesen treibenden Piraten unterstellte.(67 v.Ch.) Dann aber wird Gortys von ihnen zur Hauptstadt von Kreta und der Kyrenaika und damit zumindest auch Hauptstadt eines Teils des römischen Reiches von Nordafrika gemacht.
Genau diese Stadt wurde dann von den ersten Christen auch zum Standort des ersten Bischofs der damaligen römischen Welt auserkoren.
Auf seiner Fahrt als Gefangener nach Rom setzte der Apostel Paulus um das Jahr 59 in Kali Limenes an der Südküste seine Fuß auf kretischen Boden. (Apostelgeschichte 27,8).
Es ist überliefert, dass er seinen Begleiter Titus beauftragte, auf der Insel zu bleiben und das dieser als späterer Bischof von Gortyn versuchte, die gesamte Insel zu christianisieren. (Tit.1,5) Und dies, obwohl Paulus in seinem Brief an Titus die Kreter mit dem Zitat eines der kretischen Propheten belegt: „ Die Kreter sind immer Lügner, böse Tiere und faule Bäuche.“
Und dann auch noch feststellt:“ Dies Zeugnis ist wahr!“ (Titus 1/12-13)

Columbus hatte angesichts der Elle der Nachweltbewertung seiner Taten Glück, denn Alexander starb bevor er Amerika wieder „ent“decken konnte. Alexander wollte auf der Goldlinie dorthin, der Chrysoskala. Die ist bei Chrysoskalitisa (Westküste Kretas, Pachnes-Umgebung) in den Felsen gehauen. Columbus scheint diese Goldlinie wörtlich genommen zu haben und konnte dadurch seine Forschungsreise finanzieren. Gold steht im Minoischen für Verbindung.

In der Mitte der Mitte des Mittelmeeres liegt Phaistos. Berühmt am Palast von Phaistos ist der Treppenkomplex. Drei Treppen ungewöhnlicher Breite treffen am Nordostrand des Westhofes aufeinander. Genau am Punkt SE-RA = Darstellung der Wahrheit der Sonne.
Die westliche Treppe (Theatertreppe) hat 9 Stufen und ist über 30 m breit.
Die nach Norden ansteigende Treppe (erdachsenbegleitend) hat 26 Stufen und die von Westen nach Osten ansteigende Treppe ("entgegen" der Sonnenbahn) hat 12 Stufen.
Numerologisch ist 9 das Rationale Prinzip, 26 die Wahrheit und 12 die Sonne.
In der begrifflichen Zusammenführung wäre somit die Aussage = Rationales Prinzip der Wahrheit der Sonne.
Die Treppen der Anlage sind in ihrer numerologischen Aussage angelegt als Schrift der Minoer - Atlanter. Der Treppenkomplex war ein Sonnenobservatorium (unter anderem), Kalendarium und Schriftdokument.
Hier ist festgehalten, was wir entdeckten und noch nicht entdeckt haben !

Westhof mit dem Laufsteg

Astronomische Kenntnisse der Alten

Uranus und der Stier

Die minoische Kultur wird nach den für Ägypten gültigen Zeitangaben datiert. In wie weit diese akzeptabel sind, steht auf einem anderen Blatt (und auch in diesem Werk). Für Kreta sollte es keine Datierungshinweise geben, die es möglich machten, es selbstständig, aus seiner eigenen Geschichte und entsprechenden Hinweisen heraus, zu datieren.

Sir A. Evans, der Ausgräber von Knossos, sagte dazu: “Ich habe keine Möglichkeit Knossos zu datieren, es sei denn, ich ziehe Vergleiche mit Ägypten. Dann muss ich Frühminoisch auf 3200 v Chr. setzen. Dabei bleibt zumindest die Frage offen, warum die Kreter schon 4000 v.Chr. die Ziegelbauweise wieder aufgegeben haben? Denn unter dem Palast von Knossos befinden sich ältere Bauwerke aus gebrannten Ziegelstein !"

Auf etwa 4000 v. Chr. wird die Narmer/Menes - Platte datiert, die schon einen Stierkopf in zwei Ausführungen zeigt, welcher dem Stierrhython von Knossos gleicht.
Der Datierungswinkel sagt jedoch 60°. Dazu muss man wissen, dass die Sonne, bedingt durch die Präzession der Erdachse vermeintlich und aus geozentrischer Sicht alle 72 bis 75 Jahre einen Grad weiter wandert. Somit ist also die Aussage des Datierungswinkel 60° x 75 Jahre = 4507 vor Null = 4622 v Chr.
Die Differenz zwischen der allgemeinen schulwissenschaftlichen Aussage und der Aussage des Datierungswinkel beträgt also 600 Jahre.

Der Untergang der Minoischen Kultur wird wieder durch Datierungsvergleiche mit Ägypten festgesetzt. Im Grab des Rechmere finden sich Darstellungen kretischer Gesandter. Ihr ursprünglich kretischer Lendenschurz wurde durch mykenische Schurze übermalt. Das Grab soll um 1470 v Chr. entstanden sein und die Übermalungen sollen 1460/1450 v.Chr. stattgefunden haben. Fritz Schachermeyr („Die minoische Kultur des alten Kreta“) sieht darin den Übergang von der kretischen zur mykenischen Herrschaft. (s. Datierung).
Die Gesandten zeigen einen Stierkopf (der ein Rhython sein könnte) und eine Stierskulptur. Beide sind Vergleichsmöglichkeiten für das Stierrhython von Knossos.
Dieses Knossos - Rhython muss zu einer Zeit hohen Wissens und hervorragender Technologie angefertigt worden sein, denn es zeigt die beiden Pole der Sonne als Sonnendurchmesserangabe, das Sonnensystem mit Entfernungsangaben und den Größenverhältnissen der Planeten. Des weiteren werden aber dazu auch noch die beiden Planetensysteme Bosoro (16 Planeten)

und Monogoropono (6 Planeten) angegeben. Diese beiden Systeme sind 31 Lichtjahre von der Erde entfernt und uns heute (wieder) unbekannt. Merkwürdig aber ist, dass "primitive" Ritzzeichnungen auf dem Rhython angebracht sind, die unbedingt bei der gängigen wissenschaftlicher Betrachtungsweise in die Steinzeit gesetzt werden müssen.
Nach Mendelssohn (Das Rätsel der Pyramide) soll die ägyptische Hochkultur von Einwanderern in das Niltal gebracht worden sein. Woher sie gekommen sein sollen ist ihm unklar. Mitgebracht aber haben sie die Hieroglyphen als Silbenschrift. Diese soll es vor dem alten Reich in Ägypten nicht gegeben haben (Mendelsohn).

Der Diskus von Phaistos wurde 5408 vor Null angefertigt. Die Zeichen auf ihm werden häufig mit Hieroglyphen gleichgesetzt und sind auch Zeichen eines Systems, welches auf verschiedenen Ebenen interpretiert werden muss.
Diese Zeichen haben keinen Lautwert.
Auf der untersten Ebene steht Kopf für Kopf, Samenkorn für Samenkorn und Blüte für Blüte.
Auf der zweiten Ebene steht zum Beispiel Blüte für Sonne, Kopf für Mensch und Ruder für Kraft.
Auf der 3. Ebene dann steht Blüte gleich Sonne für A gleich Zentrum, welches durch "Füßchen" gekennzeichnet dann auch noch zu anti -- Antizentrum wird, wie Leben zu Antileben (Tod) und Wasser zu Antiwasser (Land).

Nach Platon machten die ägyptischen Priester von Sais dem sie aufsuchenden Solon klar, dass die ägyptische Kultur 1000 Jahre jünger als die athenische ist. Der Diskus bestätigt diese Wiedergabe Platons.

Der Ton A ist als Zentrum ein Begriff, wie B = Basis ein Begriff ist (s. Minoischer Kreis/ S. neu). Diese Begriffe können zusammengesetzt werden und wirken dann wie Silben.
So ist R = Schwarz die Emotion. In Verbindung mit A wird daraus RA =Der Emotion Zentrum = Sonne, denn die Sonne gibt es ohne jede Ratio. Omega ist die Umfassung, somit ist RO = der Emotion Umfassung = Materie.

Uros = Darstellung der Dynamik der Materie ist der Stier.
Der schwarze Stier stellt die emotionale Seite des Stieres dar und damit auch die Nachtseite der Materie. Uranos (griech. für Himmel/All) ist darum auch der Hinweis auf das Dunkel/Schwarze/Lichtlose des Alls in welchem die Lichtquellen Sterne/Himmelskörper/Sonnen/Planeten erst sichtbar werden und Löcher im Schwarz bilden.

Das Stierrhython von Knossos wird auf 1600 v. Chr. datiert. Oberhalb des Großen Planetensystems (Bosero) finden sich "primitive" Gravierungen, die in gleicher Form z.B. in Altamira/Spanien als Höhlenmalereien vorkommen.

Diese Form von Felsritzzeichnungen aber können 10 bis 20 tausend Jahre früher als die Rhythondatierung angesetzt werden.
Wie kommen sie dann auf den Stierkopf ?
Es ist doch sehr unwahrscheinlich, dass dieses kostbare Stück derart unbeaufsichtigt war, dass jemand längere Zeit an ihm arbeiten konnte. Denn bei aller Einfachheit besagter Zeichnungen sind sie sorgfältigst gearbeitet.
Es scheint noch keine maßstabsgerechten Abzeichnungen der Gravuren zu geben und mir ist es bisher leider unmöglich gemacht worden mit dem Original zu arbeiten.
Deshalb, sozusagen als gewünschte Sachlage, war es mir bisher nicht möglich die Gravuren genauer auszuwerten.
In Zusammenhang mit den Altamira-Zeichnungen sind sie aber Hinweis darauf, dass das Rhython älter und somit vorkatastrophisch ist.
Nach der vorkatastrophischen Zeit hoher Technik kam die Zeit des noch vorhandenen Wissens, jedoch gab es nicht mehr die technischen Möglichkeiten.

Der Stierkopf gibt mit dem Datierungswinkel von etwa 160° Grad sein Alter mit 12.017 v. Null an.(Bedingt durch die Perspektive kann der Winkel etwas verschoben sein.)
Das sind 1502 Jahre vor der bereits erwähnten Katastrophe. Es handelt sich hierbei um die Überflutungskatastrophe, die Platon die Atlantische nennt. Platon bezieht sich bei seinen Aufzeichnungen auf den Bericht des Solon über ein Gespräch mit einem ägyptischen Priester in der heiligen Stätte des Tempels der Neith von Sais. Datiert wird diese Katastrophe sowohl von den alten Ägyptern, als auch von Platon auf 9000 Jahre vor diesem Gespräch des Solon.
Zu diesem Zeitpunkt fand sie auch statt. Genau 10515 v. Null (bzw. 10.935 v. Chr.)

Bild Stierkopf

Das Stierrhython von Knossos

Bei dem Stierkopf ist der fast rechte Winkel zwischen der Achse des Stirnwirbels und des Scheitelwirbels sowie der Achse Stirnwirbel und Auge auffällig.
Es entsteht ein Dreieck, welches in seinen Maßen auch als das „ ägyptische Dreieck“ bekannt ist.
Siehe nächste Seite: das Dreieck.

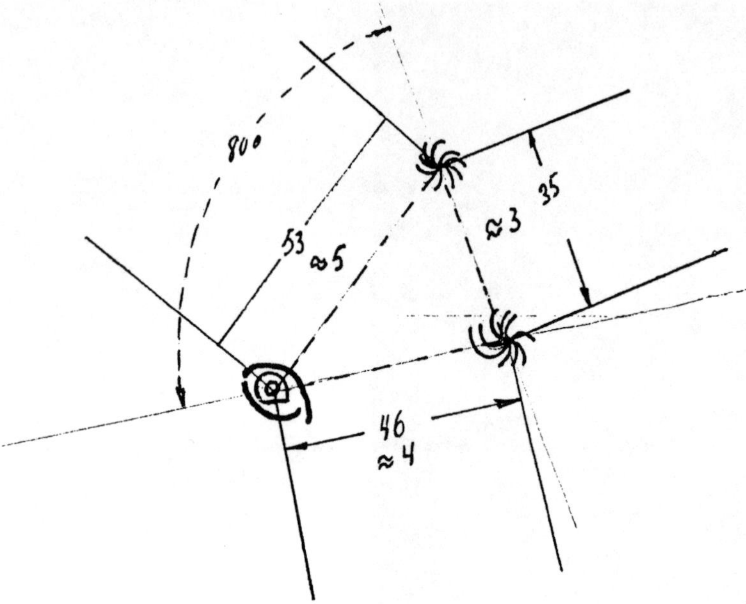

Tatsächlich sind die Winkelverhältnisse jedoch nur annähernd 3 zu 4 zu 5, denn der Winkel beträgt nur 80°.

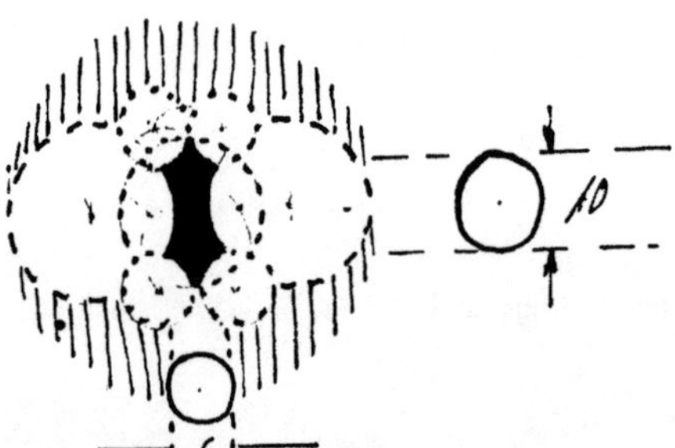

Das Zeichen gleicht einer aufrecht stehenden Doppelaxt
Die Kreisbögen können zu Kreisen ergänzt werden.

Dabei ergeben sich 6 vorgezeichnete Kreise sowie ein siebenter durch den großen Durchmesser des Gebildes. 6 und 7 bedeuten im Minoischem als Einzelwerte zusammengefasst (nicht addiert, sondern verbunden) = Dynamik der Erde.
2 weitere Kreise ergeben sich durch den kleinen, vertikalen Durchmesser und der größten Breite des Gebildes. Somit sind die neun Planeten unseres Sonnensystems dargestellt, welches die Alten sehr wohl kannten, was sich unter anderem auch aus dem Tierkreis zu Dendera / Ägypten ergibt. (Louvre)
Die größte Breite mit den Durchmessern der beiden Kreisen rechts und links ergibt den Sonnendurchmesser.

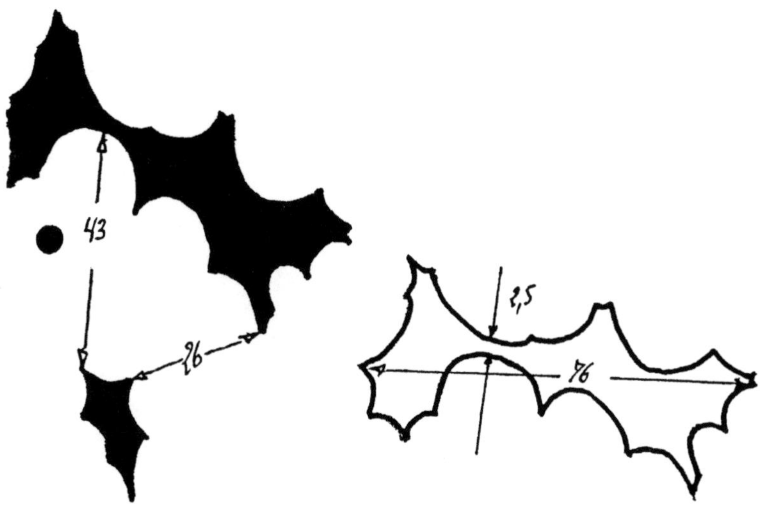

Des weiteren ist der Abstand gleich 43 (wenn beide Entfernungen mit dem gleichen Maß gemessen werden, ist die Maßeinheit unwichtig) und der kleine Abstand 26.
43 dividiert durch 26 gleich 1,6538. Dieser numerische Wert sagt aus: Dynamik des Menschen im Bewusstsein der Verbindung. Dies ist unter anderem ein Hinweis darauf, Entfernungen überbrückt zu haben.

Die größte Länge dividiert durch die geringste Breite = 76 : 2,5 sagt in ihrem Ergebniswert 30,4 aus: Vollkommenheit des Bewusstseins, des Wissens.

Es ergeben sich also Positionen, die aufgrund ihrer numerologischen Werte lesbar sind
Der Schlüssel zur Lesung dieser Informationen ist die minoisch-atlantische Numerologie, die den einzelnen Zahlen in ihrer Bedeutung einen logischen Informationswert gibt.
Im Minoischen ist ein Gebilde äußerst selten nur auf einen Zweck ausgerichtet. Immer bestand die Aufgabe, die Nachfolgenden über das Heute hinweg zu erreichen. Immer musste Interesse geweckt werden und eine Einführung gegeben werden .
Dieses ist die Grundlage der Schlichtheit minoisch-atlantischer Arbeiten, aber auch der Grund für ihre zeitlose Schönheit.

Farbe und Zahlen gleich Informationen

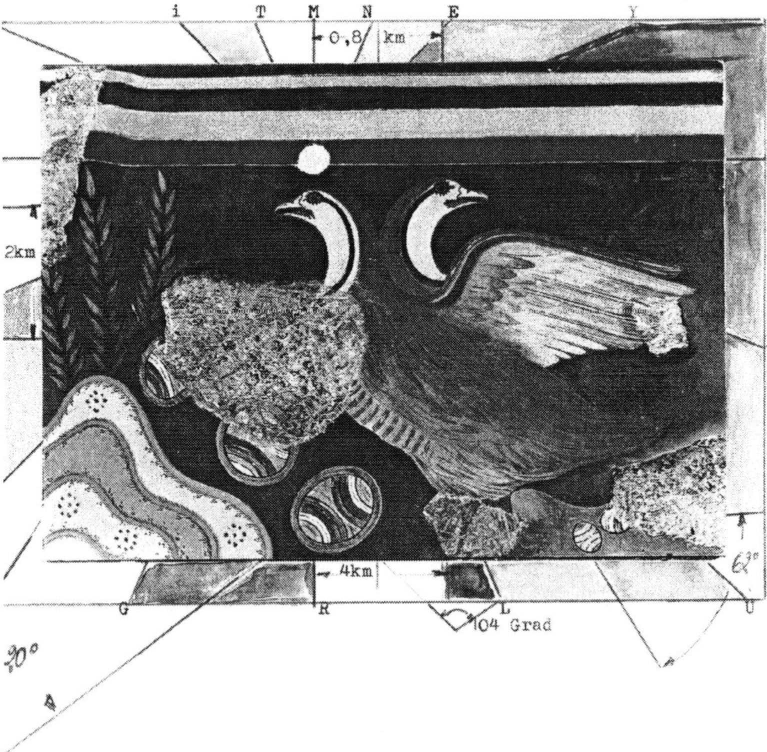

Fresko mit Rebhühnern; Runde Gegenstände, geäderte Steine. (Museum von Irakleio)

Unser Zentrum der Darstellung des Plans in Komo (Landschaft bei Pitsidia) ist die Überschrift und Lesung des Farbenfrieses über den Rebhühnern von oben nach unten!
Über die Brust des Rebhuhns führt ein Band leiternd in Blau-Gold geteilt: O – A gleich Umfassung – Zentrum und 14 mal einteilend.
Wahrheit der Darstellung des Zentrums als Zentrum der Darstellung der Wahrheit ist das Ei im Gelege- links der Flügelenden unten – zu lesen, auf welches die Brustleiter hinweist.
Der feinsinnige Künstler, Daunenfedern und Deckfedern feinst gestaltend könnend, war nicht in der Lage rund und eiförmig unterscheiden zu können.
Von 5 Eiern ist nur eines rund (mittleres Ei in der Dreierreihe) gleich 1/5.
Von oben nach unten lesen sich die drei 780.000 Jahre alten versteinerten Eier:

I Ekimo – IMEIK – IEMKI E IKME I = Beginn als Wahrheit des Planbeginns rationaler Verbindung – Beginn als rationale Wahrheit beginnenden Plans – Beginn als Wahrheit rationalen Planbeginns ist Wahrheit des Beginns des Plans rationaler Wahrheit des Beginns.
Der wissenschaftliche Kunstmaler des Rebhuhnfreskos aus der Karawanserei vor Knossos malte ein Weltbild! Das eiförmige „Kamaresblümchen" spiegelt sich viermal – als Zentrum des Diskus von Phaistos - im Meer von Komos. Unter ihm ist Amos/Darstellung des Zentrums der Energie / Sand. Es sind auch tausende zerriebene steinerne Eier!

Die Farblesung im minoisch - atlantischen Kulturkreis am Beispiel der Stele der Tentperet.
(siehe Seite 17)

Hauptlesung:
Männliche Figur / West / Farbe Violett.
Weibliche Figur / Ost / Farben Orange und Gelb.
Bedeutung: US – ESK gleich: „ Darstellung der Dynamik Wahrheit der Darstellung des Plans“. Männlich gleich Darstellungsseite. Weiblich gleich Planseite.
Damit wird deutlich, dass bei Gruppendarstellungen auf Kreta (z.B. Stiersprung mit weiß- gelblichen Fängern und rothäutigem Springer) überwiegend männlich gelblich und weiblich rötlich dargestellt ist.

Am Beispiel der Stele: Auf Horus ruht als Kreis die Sonne. Über Tentperet finden sich im Rechteck 17 hieroglyphische Zeichen.
Lesung der Sonne über Horus von innen nach außen:
Orange – Weiß - Gold bedeutet: E-MO-O gleich: “ Verbindung der Wahrheit der Energie.“
Lesung der Zeichen über Tentperet:
Schwarz – Gold – Schwarz bedeutet: Ra-o-Ro gleich: “ Sonne der Verbindung der Materie“.
Damit zeigt sich in der Interpretation, welchen Inhalt das "blütenreiche" Gespräch (wissenschaftliche Aussage) hat, nämlich Energieprobleme, die mit der Sonne und der Materie zu tun haben.
Darum beginnt auch die Lesung der oberen Blütenreihe (das Ei auf dem Kopf der Frau ist Lesebeginn) mit:
RAMA -RA E KA MA - U-I KA SA Ra gleich : „Sonne unser Sonne der Wahrheit des Plan unserer Dynamik des Beginns des Plans in der Sonne“.
Für Heutige:
„Sieh unsere Sonne, unsere Sonne, welche die Wahrheit unseres Plans (wovon wir jetzt sprechen) darstellt. In der Sonne ist der Beginn der Dynamik des Plans (um den es hier geht).“

Man beachte den Reihenverlauf bei allen 5 Reihen. Er ist identisch mit dem Kalender auf der Doppelaxt von Zakro / Kreta und beginnt an der Sonne. Weiter läuft er auf das Ei zu welches Tentperet auf dem Kopf hat.
Das Ei liegt in einem grünen Nest, ist rotgelb, wobei Gelb als kleinstes der Leseanfang ist:
Bedeutung: Sa K I gleich: „Im Plan des Beginns“.

Numerologisch: 5 Sprechlinien (siehe Doppelaxt von Zakro) sind unterteilt in 1, (denn eine Linie kommt aus dem Mund des Horus) und 4 (denn 4 Linien kommen aus der Sonne).
Bedeutung: 1-4-5 gleich: „ Sein des Wissens der Menschen (als Licht /Ergänzung 10 gleich 1+4+5)“.
Folgendes sagt die Tafel über Tentperet aus:
4 Ebenen, 5 Unterteilungen (siehe Nordwand von Phaistos) und 17 Zeichenebenen bedeuten:
4-5-17 gleich : „ Wissen des Menschen als Licht der Erde (Ergänzung (4+17 =21 = Wissen des Lichts der Erde ist Vollständigkeit des Seins 5+21 = Des Menschen Vollkommenheit des Seins gleich 26. Und diese Zahl steht im minoisch-atlantischem Konstrukt für die Wahrheit.

Positionslesung: von beiden Augen oben im Bild ist dasjenige über der Tentperettafel größer als das andere.
Somit ist laut dem Diskus von Phaistos, dessen Leseanweisung die Grundlage dieser Arbeit ist (Das Kleine ist Anfang des Großen) der Lesebeginn links.
Linkes Auge gleich: T - Position (siehe Minoscher Kreis) und rechtes Auge gleich: N P.
Tun ist T und Sehen ist N.
Somit lautet die Lesung: TA NA gleich: TU SEHEN gleich: "MACH DIE AUGEN AUF !“
Unter den zwei Füßen befinden sich drei schmale Schichten. Sie werden von oben nach unten schmaler, adäquat der Wirkung der Schwerkraft.

Die kleinste Schicht A ist gleich Blau gleich Zentrum , die zweite Schicht E ist Orange gleich Wahrheit, die dritte Schicht R ist Schwarz gleich Emotio.
Somit ist die Bedeutung: A E R gleich: „ Zentrum der Wahrheit der Energie“.
Die erweiterte Lesung bedeutet: A E Ra gleich: „ Zentrum der Wahrheit der Sonne“.
Die Vollendung der Lesung dann plus der Füße von Horus und Tentperet (Tentperet hier nicht als Plan, sondern als Darstellung) bedeutet: A E Ra US gleich: Darstellung des Zentrums wahrhaftiger Sonnenenergie/Sonnendynamik gleich Schwerkraft plus Zahlenaussage:
3 (schmale Linien) plus 2 (breite Linien) plus 5 (alle Schichten) plus 2 (Standorte von Horus und Tentperet./Füße) gleich: „Bewusstsein des Lebens des Menschen der Erde“!
Dies ist Geschichte, denn Geschichte ist geschichtet unter unseren Füßen und vor allem ist sie da nicht manipuliert geschichtet.

Der Thronsessel des Minos in Knossos/Kreta

Die Wand hinter dem Thronsessel oben ist Gelb und Rot.
Somit ist die Bedeutung: S K
S K ist gleich: Darstellung des Plans (siehe Frühlingszimmer von Santorini).
Der Thronsessel ist ockerfarben gleich X. Und X bedeutet Leben.
Seine Lesung in Verbindung mit der Lesung der Wand: Xo sak gleich Leben im Plan.
Die Lesung des geflammten Frieses unter den Greifen ergibt: A S K gleich: Zentrum des Plans. Deutlicher: A O So Ko gleich: Zentrum und Umfassung des Plans.
Die Lesung des Spiralinneren ergibt: KoNo A Mo A Moo Ako.
Die Bedeutung ist: Verbindung nach Außen des Zentrums der Energie, des Zentrums der Energie der Verbindung, des Zentrums der Verbindung.
Die numerologische Lesung der Greifen und des Throns ergibt: 1-2 gleich: Sein des Lebens. Die Aussage der Blumen und des Throns (zwischen den Greifen) ergibt numerologisch: 1-2-3-4-5-6-7-9.
Somit ist die Bedeutung: „ Sein des Lebens und Bewusstseins und Wissens und der Dynamik des Menschen der Erde als Rationales Prinzip“.

Durch diese Aussage wird deutlich, dass Minos der Vertreter der Symbolik des späteren griechischen Hermes (Merkur) und des zeitgleichen oder früheren Aton war.

Xosak Aton ist die Farb - und Positionslesung der Verbindung von Wand und oberem Thronteil.
Die Bedeutung ist also: Leben im Plan des Aton gleich Vertreter des Aton (s. Thronsessel von Knossos).

Wer Finger hat, kann zählen.

Der Thronsessel von Knossos stellt als Symbol der geschlossenen Hände (Daumen aneinander liegend, nach oben) auch die Zeit dar (s. Diskus/ Symbol Gebäude). Es ergeben sich beiderseits die 4 Fingerknöchel (wie die 4 Finger bei S. Gebäude) plus der 2 Daumen als l, denn im Minoischen ist 1 auch immer 2 halbe.
Da dem Thronsessel die Verkörperung der Symbolik und somit der wirkenden Energien des Merkurs zukam, stellen die 9 Kreisbögen die 9 Planeten unseres Sonnensystems dar.
Die Weltenacht ergibt sich aus den 2 Bögen des Ovals unter dem Sitz an der Vorderseite.
Wie bei der Doppelaxt und auch dem Diskus von Phaistos ist die große Achse der Durchmesser der Weltenacht und auch der Sonne und somit Maßstab.
Da sich Kreis und Rechteck im Sitz der Rückenlehne verbinden, wurde der Thron sowohl für männliche wie auch für weibliche Personen angefertigt.
Minos ist die Darstellung des rationalen Beginns sichtbarer Verbindung.
A ist die Darstellung der Mutter und des Vaters und ihrer Verbindung, dem Kind.
Deswegen bilden die drei oberen Kreise eine Einheit: der kleine, obere Kreis als das Kind ist der Merkur, die rechte Seite (vom Stuhl aus gesehen) ist Ost/Plan gleich Vater gleich Sonne
(Venus ist der Sonne gleichgesetzt) und die linke Seite ist die Mutter als Darstellung/Erde / lebensgebend.
(Venus = Pasiphae = „Sie, die allen scheint“)
Darum ist die Zahleninformation nun: 3 - 6 gleich: „ Bewusstsein der Dynamik.“
Die Lesung der drei Kreise ist: Mie – Mei.
Die Bedeutung somit: Rationaler Beginn der Wahrheit – Rationale Wahrheit des Beginns.
Auch die Vorderseite des unteren Stuhlbereiches stellt dies Dreiheit dar.
Die Lesung ist: KOMOS – Uc. Somit ist die Bedeutung: Darstellung der Verbindung der Energie (als) Dynamik der Verbindung.
Als Hyakinthos war Minos die Darstellung der beiden heiligen Blumen Hyakinthe und Psychi,
die in der Symbolik, verbunden durch die Milchstraße, die beiden Sternenbilder Schütze und Skorpion sind. (siehe die große Pyramide)
Die Sternenbilder waren den Alten unter anderem auch als Himmels- und Zeitwegweiser bekannt.

Die Stiersprungfreske von Knossos

Zeigt der Thronsessel alle neun Planeten unseres Systems, so trägt der Stier auf dem bekannten Fresko in Knossos (ohne Abbildung) als „Halsfleck“ nur sechs Planeten.
Denn der sechste Planet ist Mars und die Bedeutung der sechs ist Dynamik.
Und Dynamik steht ebenfalls nicht nur symbolisch für den Stier, denn im minoisch-atlantischem heißt der Stier Uros.
Die Bedeutung lautet: Darstellung der Dynamik der Materie.

Die langgestreckte Form auf dieser Freske hat der Stier aus zwei Gründen.
Zum Einem gibt er die Lesung: KoUros gleich: „ Darstellung der Verbindung der Dynamik der Materie“.
Zum Anderem stellt er schlicht Kreta dar.
Die Position auf dem Rücken des Stieres ist Knossos und weist auch die Richtung Phaistos an, denn der langgezogene weiße Teil ist der Grundriss der Mesara. (Ebenen der Sonne: „ In der Sonne“)
Dort, wo sich unter dem handlosen, zum Hinweispfeil gewordenen Arm des Springers das Kreuz befindet, dort findet es sich auch in Stein geschlagen bei Phaistos.

Die Kopflesung des Stieres ergibt ATLANTIKO gleich Verbindung des Antiwassers/Land, denn bezeichneter Ort ist MERIDIANA gleich Ort der Tagesverbindungen.
Dieses Meridiana liegt südlich von Kissamos/Kastelli zwischen den beiden Hörnern im Westen Kretas. Hier ist das Weltmodell der Meridiane zu finden zwischen zweien, fast 20 m aufragenden Felsstierhörnern.

Traunstein

Die Hand an der Traunsteinwand

Der Traunstein wird auch der „Schlafende Riese“ genannt. Er ist überzeugend genau in der gleichen Form des Kopfes des Federhaubenträgers auf dem Diskus von Phaistos bearbeitet worden.
Wie der schlafende Zeus auf Kreta ist auch der Traunstein das Symbol des Vaters.
Auf Kreta wird der Juktasberg als der „Schlafende Zeus“ benannt. Der Juktasberg hat eine Höhe von 811 m.
Der Traunstein ist 1691 m hoch und befindet sich am Traunsee in Ober - Österreich. Seine „Nase“ ist der höchste Punkt und wird Pyramidenkogel genannt.
Was besagt das Höhenmaß des Traunsteins in Verbindung mit dem des Juktasberges ?
1691: 811 = 2,085

Bedeutung: Leben, über die Zeit Verbindung des Menschen.
Beim Stierspringer fehlen Hand und Finger um anzuzeigen." Dieses Mal keine Zeitfunktion". Diese hat der Stier bei dem Halsfleck mit der 2 mal 6er Einteilung, denn Handfläche plus 5 Finger ergibt 6 und 5-6 gleich: Dynamik des Menschen.
Deswegen zeigt das Symbol „ Geplantes“ aus dem Diskus die Hand mit fünf Fingern und den Handlinien, die gleich den Geraden (Kompass): „Mira gleich Rationaler Beginn der Sonne/Strahlen“ heißen.
Kerata gleich „ Tätige Hände der Sonne“ sind die Stierhörner noch heute im griechischen.
Kera gleich „Hand der Sonne“ ist die Kerze und Keramidi gleich“ mit der Hand klug begonnen“ ist das Dach.
Keros gleich „Darstellung der Hand der Materie“ ist Wind und Zeit aber auch das Wetter.
Kalokeri gleich „die gute Hand“ ist der Sommer.

Da zwei Hände 12 Monate mit 360 Normaltagen darstellen, Mera gleich „mit der Sonne“ der Tag ist, ist Meridiana der Ort der Tageseinteilung der 2 (Erdkreise) und somit die Erdeinteilung in die Tagesgrade.
Deswegen zeigt das Zeichen: geplant B aus dem Diskus l cm zu 8,8 mm gleich 1,13636 gleich: „Sein des Sterns der Dynamik des Bewusstseins der Dynamik“.
Fast das gleiche Verhältnis zeigt die Traunsteinhand A) : 115:105 gleich 1,095238 gleich „Licht des Rationalen Prinzips des Menschen - Leben des Bewusstseins der Verbindung“.
Die geringe Abweichung von 0.0411256 ist gewollt, da sie informativ sein soll: „Wissen um die Nacht als Realität der Dynamik.“

Deswegen auch die Abweichung der Gradwerte zwischen Daumen und 4 Fingern von 52 ° zu 50°, denn die Differenz ist 1,04 als Verhältnis und sagt aus: Licht des Wissens.
Mit 1,04 multipliziert wird unser m als Meter zu minoischen - informativen Metern.
Z.B: 115m gleich 119,6 mino m gleich: Sein des Lichts des Rationalen Prinzips der Dynamik. u Die 52° in B) stehen aber auch für den Pvramidenwinkel und die 52 Jahresrhythmen der Minoischen Präzession / Sonnen (s. Kalender).
Das Zeichen „Gebautes/Gebäude“ (in der Reihe oben Zeichnung 3) aus dem Diskus zeigt Hände als Flügel gleich bewegen/arbeiten.
13:8 gleich 1,625 gleich Sein der Dynamik der Realität. Sein der Dynamik des Lebens des Menschen.

Wo viel Licht ist, ist auch viel Schatten !

Auf der obersten Stufe der Theatertreppe der Ausgrabung des Palastes von Phaistos auf Kreta finden sich zwei besonders gekennzeichnete Sitzplätze. Die Theatertreppe wird auch Schautreppe genannt. Sie endet an einer Wand mit der 9.Stufe. Dort ist sie etwa 30m breit. Ihr vorgelagert ist der Westhof, dass sogenannte Theater.

De neunte und obere Stufe geht in den Bereich einer zweiten Treppe über, die 26 Stufen hat und genau von Nord nach Süd führt, somit also die Erdachse begleitet.
Diese Treppe ist nur etwa 4 m breit und scheint genau auf die zwei Gipfel des Mavri Ida, des schwarzen Idas, zuzulaufen, der eine Doppelpyramide darstellt.
Die dritte Treppe, auch Kulttreppe genannt, ist über 13m breit.
Sie begleitet die Sonnenbahn, steigt aber von West nach Ost an und springt mit 2 Stufen in den Süd-Nord-Bereich. Mit 12 Stufen führt sie ebenfalls vom Westhof nach oben.
Ihr Abschluss ist ein imposantes Podest, welchem der monumentale Eingang folgte.
Dieser Eingang wurde durch eine Rundsäule zweigeteilt, die unten einen Durchmesser von 1,28 m zeigt und nach oben zu breiter wurde.
Der Schatten dieser Säule fiel zu Sonnenuntergang auf eine rechteckige Säule von 2,14 m Breite.

Am Ostende der Theatertreppe , somit von Treppenzentrum nach außen, finden sich die insgesamt 50 Kreischen der beiden Sitzplätze.

Auf dem Gipfelplateau der Pyramide des Cheops befinden sich 49 Löcher gleichen Typs und gleicher Technik.
Auf der Großen Pyramide sind diese Löcher in 7 mal 7 Reihen geordnet, während sie in Phaistos als Kreis und Rechteck erscheinen

Dort wurde am 3.Juli 1908 von dem italienischen Archäologen Pernier der berühmte Diskus von Phaistos gefunden. Obgleich es sich nur um eine Tonscheibe von 16 cm Durchmesser handelt, gilt der Diskus als eines der wertvollsten Fundstücke aus der minoischen Zeit auf Kreta.
Ebenfalls außerhalb des Zentrums, nämlich auf dem Außenkreis der Vorderseite (und nicht in der Innenspirale), zeigt der Diskus 7 mal den Wert 7 in den Kreischen von Zeichnung C auf Seite 96.
Das ist wieder 49.
Mit der wissenschaftlichen Bezeichnung Schalen kommen sich die Löcher auf der Pyramide und in Phaistos wieder näher. Mit dieser Bezeichnung gehören sie in den Bereich der Loch-, Schalen- und Näpfchensteine, die auf der ganzen Erde mit gleicher Technologie gefertigt vorkommen.
Sie finden sich auf allen Kontinenten und allen größeren Inseln. Sie finden sich in der Arktis wie in der Antarktis, in Tahiti und auf den Osterinseln, in dem Frühlingszimmer von Akrotiri auf Santorini sowie in der Königskammer der Großen Pyramide.

Der Platz des Minos zeigt 16 Schalen und der Platz der Großen Gemahlin oder der großen Mutter zeigt 34 Schalen. In Summe 50.
Die Große Pyramide zeigt 49 Schalen auf ihrem höchsten Punkt.
Sind beide miteinander verbunden? Ja, denn 50 dividiert durch 49 ergibt 1.020408.
Und dies bedeutet: „Licht des vollkommenen Lebens und des vollkommenen Wissens der Verbindung".
Der zweite Beweis der Richtigkeit der Zahlenlesungen über die Numerologie: 50 plus 49 gleich 99.
Bedeutung: „Vollkommenheit des Rationalen Prinzips".

Der dritte Beweis: 52 plus 49 gleich 101. Bedeutung: „Licht des Seins".
Der vierte Beweis: 52 dividiert durch 49 gleich 1,061224. Bedeutung: „Licht der Dynamik der Sonne und der Zeit (darum die Einteilung des Tages in 2 mal 12 gleich 24 Stunden gleich: Der Sonne vollkommenes Wissen.)

Warum nun 52 statt 50 ?

50 Schalen plus 2 Ovale ergeben 52 Vertiefungen.

Weil die 52 Jahre der Veränderung des Sonnenaufgangspunktes die wichtigste Kenntnis für die Langzeitforschung ist, sollte gerade dieser Wert möglichst nicht mehr verloren gehen.
Darum taucht der Wert 52 immer wieder auf, wie z. B. in dem annähernden Pyramidenwinkel an der Großen Pyramide(51°50'23''), in den Sitzplätzen von Phaistos und an den Neigungswinkeln der Doppelpyramide Mavri-Ida.
Außerdem: In 52 Jahren wandert der Sonnenaufgangspunkt eine Einheit von 520 nach Süden. Nach 520 mal 52 Jahren gleich 27.040 Jahre kehrt er an seinen Ausgangspunkt zurück.
Diese Zeit nannten die Alten 1 Sonne.
10 Sonnen nannten sie 1 Uko.
1 Uko wiederum ist die Zeit, in der sich das Uko - Dreieck, heute bekannter als Cygnus, der Schwan (aber bitte im Minoischen ohne Schwanz) , einmal um den Pelikannebel dreht. Der Pelikannebel ist eine andere Galaxie.
Eine Sonne ist identisch mit einer Präzession, die wir für diese Sonne heute mit durchschnittlich 26 000 Jahren Laufzeit berechnet haben. Da die Präzessionen aber ungleich lang sind, gaben ihnen die Minoisch - Atlanter den Mittelwert von 27040 Jahren.
Der Anfang des minoisch - atlantischen Kalenders begann vor 678.103 Jahren mit dem Null – Wert einer neuen Präzession, wie sich aus den Einmeißelungen auf Paximadia errechnen lässt.
Sie war ebenfalls 26.000 Jahre lang. (Realzeit) Darum gaben die Minoisch-Atlanter ihr den Wahrheitswert mal 1,04 gleich 27.040 Jahre.

Wir leben somit nach dieser Berechnung heute im Jahr 2103 nach 0, der 5 Sonne und des 3. Uko gleich mindestens 678.103 Jahren bereits statt gefundener Menschheitsgeschichte.

0, 29% dieser Geschichte steht unter dem expansivem Einfluss des Christentums und 0,06 % dieser Menschheitsgeschichte ist die Geschichte der USA.
TA NA
Mach die Augen auf !

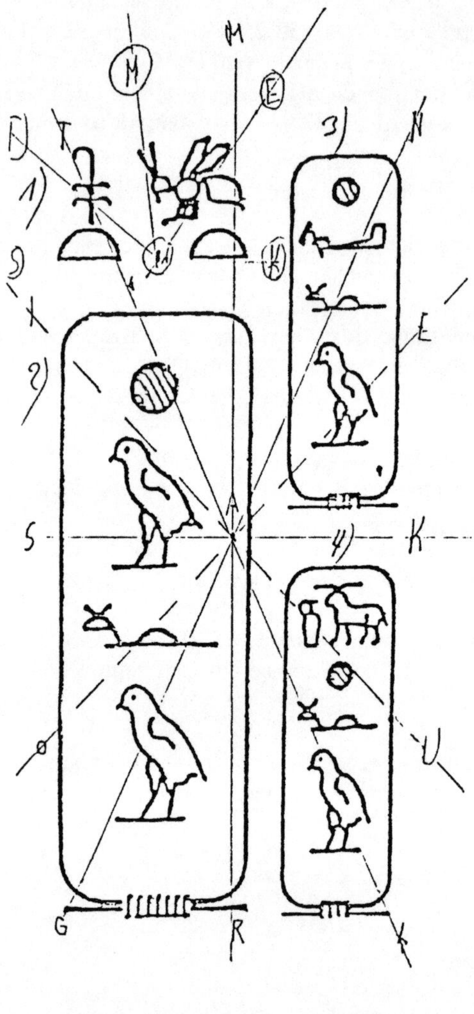

Die Kartuschen aus der großen Pyramide und ihre Auswertung

Oben 3 Bilder, die Kartuschen genannt werden (2-4) und eine offene Zeichnung (1)

Bitte bedenken Sie: Diese Zeichnungen fanden sich in einem Bauwerk, welches nur als künstlicher Berg bezeichnet werden kann und dort in einer Kammer, 2 Stockwerke über der sogenannten Königskammer. So vollkommen in Granit gepackt, dass nur Dynamit einen Eingang schaffen konnte, fanden sich diese Zeichen.
Somit mussten die Alten gewusst haben, dass irgendwann der Mensch in der Lage sein wird dort einzudringen und hoffentlich zu erkennen.
Eines haben all diese Löcher gemeinsam: Sie trennen sehr deutlich Licht und Schatten.
Flachere Löcher, von der Wissenschaft Schalen genannt, können in der Mittagssonne fast unsichtbar werden, wie z. B. die Schalen auf den Treppen von Phaistos.
Tiefere Löcher dagegen, meistens spitzkonisch angelegt, halten selbst in der Mittagssonne einen Schattenkreis auf ihrem Grund, wie z. B. das Dreiecksloch oberhalb der "Theaterwand" in Phaistos.

Aber auch das weniger tiefe Dreiecksloch von Charakas/Kreta zeigt noch zur Mittagszeit Schatten. Es gehört zu einer Gruppe von Löchern, die sich aus drei Kreisabschnitten zusammensetzen. Meist kommen sie als Einzellöcher vor, wohingegen gerade die Schalen und Näpfchen selten alleine anzufinden sind. Hierbei bilden diese Anhäufungen voneinander getrennte Gruppen und sind selten von der gleichen Größe, wie sie zum Beispiel auf der Cheopspyramide und auf den Sitzen von Phaistos zu erkennen sind.

Auswertung der Bilder/Kartuschen

Diese vier Bilder wurden in der 2.Kammer (von 5) über der Sarkophagkammer der sogenannten Cheops-Pyramide in Gizeh gefunden. Deshalb werden sie die Kartuschen-Stempel des Cheops genannt!

Verschlossenes muss geöffnet werden!
Bild 1) ist wie der Eingang des Diskus von Phaistos offen. Zwei Halbkreise liegen auf gleicher Ebene (unten) = Hügel/Erhebungen.
Auf linkem Hügel wächst eine Pflanze. Vom rechtem Hügel "springt" ein Insekt. Das Insekt hat Flügel, springt also nicht, sondern fliegt. Das Insekt hat Stachel und Rüssel - eine Biene wahrscheinlich. Auf dem rechtem Hügel ist nichts zu erkennen, auf dem Linken dagegen ist eine Pflanze. Die Biene fliegt zu der Pflanze.
Die Biene kann den Standort wechseln, die Pflanze kann den Standort nicht wechseln: „Biene fliegt - Pflanze wächst!"
Wenn die Biene fliegt, dann geht das Hühnchen (Bild 2).
Das Hühnchen geht und die Schnecke kriecht.
Das Hühnchen wird einmal fliegen können, die Schnecke fliegt nie.

Das Küken hat Augen, also kann das Küken sehen. Will es aber tatsächlich sehen, dann braucht es Licht. Und das Licht gibt der Kreis über ihm.
Dieser Kreis ist die Sonne, denn Hühner sehen bei Nacht äußerst schlecht und bewegen sich kaum. Die Schnecke hat ebenfalls Augen. Ihre Augen sind klein und sitzen auf den Fühlern/Hörnern. Die Schnecke kann auch bei Tag kriechen, macht dies aber überwiegend bei Nacht, denn dann ist sie nicht auf ihre Augen angewiesen.
Auch die Biene hat Augen, jedoch sie kann sich auch auf ihre Fühler verlassen und fliegt schon mit dem erstem Morgenlicht.
Somit ist der erster Halbkreis rechts die aufgehende Sonne.
Die Biene fliegt bis Sonnenuntergang, denn sie fürchtet die Sonne nicht. Die Schnecke kriecht nicht bei heller Sonne und Sonnenhitze, denn Schnecken brauchen Feuchtigkeit und Schatten. Kriecht die Schnecke bei Sonnenlicht, versucht sie den Schatten zu erreichen und ihr hilft dabei ihr eigener Schatten.
Die Schnecke ist klein und wirft einen längeren Schatten als das Küken über ihr.
Die Biene wirft keinen Schatten, denn die Sonne steht im Zenit.
Das Hühnchen oben hat die Sonne über sich und wirft einen Schatten. Das Küken unten ist weiter von der Lichtquelle entfernt und wirft einen längeren Schatten.

Über die Lichtquelle und das Objekt sind Entfernungen und ihre Verhältnisse zueinander (Größen) und Bewegungen (Umlaufbahnen) zu erkennen!

Kartusche 3): Der Sonnenkreis ist durch drei Linien in 4 Felder unterteilt.
3 ist das Bewusstsein und 4 ist das Wissen. Der Kreis ist die Sonnendarstellung.
Somit ist die Aussage: Bewusstsein und Wissen.
Die Sonne in 2) zeigt 5 Linien und 6 Felder: Mensch und Dynamik = des Menschen Dynamik ist die Bewegung. Denn das Hühnchen läuft und die Schnecke kriecht während die Biene fliegt und Pflanze wächst.
Dann liest sich die Pflanze in Zeichnung 1): 1-4-5 denn 1 Stängel (mit Knospe oder Blüte geschlossen) und 4 Blätter gleich 5 beginnend mit 1 bedeutet: Sein des Wissens der Menschheit. (s. auch den Eingang des Diskus von Phaistos).
In der Zeichnung 3 befindet sich unter der Sonne ein Arm mit der Hand und einer Axt in. Einem Hell – Dunkelkontrast. Das Licht verändert die Konturen und gibt den Objekten Dynamik. Der Begriff TUN wirft keinen Schatten. Die Schnecke wirft Schatten, das Hühnchen ebenfalls.
Zeichnung 4) Das Tier geht zum Krug. Der Krug symbolisiert Flüssigkeit. Die Sonne ist unter Tier und Krug, ergo ist die Sonne ist nicht da und dies bedeutet entweder vor Sonnenaufgang oder nach Sonnenuntergang. Darum ist auch kein Tierauge zu erkennen, denn im Dunkeln wirken nur Konturen. Sowohl die Schnecke als auch das Küken haben Schatten, denn die Sonne ist über ihnen.
Wenn die Sonne über uns ist, bedeutet dies Tag, wenn die Sonne unter uns ist

Nacht. Dies ist fundamentales Wissen der Menschheit, und nicht erst seit heute, sondern auch schon zur Zeit des Baues der Großen Pyramide.

Wenn das Tier zum Wasser geht und es Nacht ist, ist es somit Antitag, nach Sonnenuntergang und vor Sonnenaufgang.
Somit gehören Zeichnung 4) und 1) inhaltlich zusammen, denn die Nacht, die Sonne unter dem Tier, folgt nach Sonnenuntergang und steht vor Sonnenaufgang. Dann ist aber auch klar, warum die Biene in Zeichnung 1) nur 4 Beine zeigt (obgleich sie doch 6 hat). Die Kartusche 4) endet unten in 4 senkrechten Linien und damit gehört 4 zu 4 (= 8: die Verbindung).
Dann wird die Pflanze zu Wasser (siehe Brunnenfresko von Amnissos/Kreta, von dem der Santoriniforscher Spiridon Marinatos sagt, es sei das Abbild und die Beschreibung von Atlantis. Atlantis = Darstellung des Antiwassers). Darum ist die Pflanze auch nicht im Halbkreis verwurzelt (siehe auch den Diskus, Zeichen Zeit).

Gibt man der Biene ihre 6 Beinen, dann hätte man die Aussage: 4-6-10 gleich: Des Wissens Dynamik ist das Licht / die Lehre / die Erleuchtung.
Somit ist klar: der Halbkreis links ist der Wasserkreis der Erde und der Halbkreis rechts ist der Festlandkreis der Erde und beide Halbkugeln ergeben die Erde als Kugel.
Dann stimmt auch die Reihenfolge: Kartusche rechts unten = 4 Füßchen , Kartusche 3 = 5 Füßchen, Biene 1) = 6 Füßchen und Kartusche 2) = 7 Füßchen . Damit ist dann die Aussage: 4 –5 – 6 – 7 = Wissen der Menschen ist Dynamik der Erde!

Numerologie

Die Alten WOLLTEN informieren. Die Alten wussten darum, dass die nach ihnen Kommenden zählen können und über eine gewisse Logik verfügen würden.
Darum nannten sie den Menschen MINOAS:
DARSTELLUNG DES ZENTRUMS BEGINNENDEN GEISTES.

Zeichnung 1) zeigt den Halbkreis ohne Pflanze. Ergänzt mit dem Halbkreis links, aber ohne Pflanze, erhält man die 1, das Sein (die Erde als Möglichkeit).
Der Diskus von Phaistos zeigt hier das Samenkorn / den Planeten und die Sonne, das Gründungsprotokoll von Tenochtitlan zeigt hier das gleiche Zeichen Erde wie der Diskus von Phaistos. (Tenochtitlan ist das heutige Mexiko City und Phaistos ist der HAUPTPALAST Kretas).
2 ist das Leben. Fügt man den Festlandkreis rechts zu dem Wasserkreis links erhält man aus 2 mal Sein die Möglichkeit für die Pflanze zu existieren.
Die Pflanze aber ist schon Leben. Die Alten sahen schon im Wasser das Symbol des Lebens, da es mit seiner Bewegung die Wurzeln zu Leben bildet.
Darum steht im Diskus hier das Zentralschiff und im Protokoll von Tenochtitlan der Stein, der auf der Erde liegt.
Dabei ist dieser Stein vom Wasser geschliffen und zeigt das Zeichen Wasser.
Darum heißt der Stein Patl. Patl ist eigentlich P Atl zu lesen = Weg des Wassers, denn Minoisch bedeutet ATL das Wasser. Atl heißt Zentrum tätiger Richtung, da Wasser immer zum Zentrum (der Erde) will und deswegen die Richtungen einschlägt die es fließt.
Atl - anti ist das Gegenwasser und somit das Land (vom Wasser gekennzeichnet) und Atlanti- s ist die Darstellung des Gegenwassers (Schiff im Diskus von Phaistos) ein Modell des Landes und somit eine Insel.
Die erste Positionslesung im Diskus von Phaistos ist Atlanti = Gegen= Wasser (Innenspirale vom Kopf des Zeichens Zentralmutter aus gelesen).
Die Biene der Kartusche steht für Bewusstsein (das Auge fehlt, der Fühler ist betont = emotionale Möglichkeit zu finden, Wasser oder Pflanze/Blume). Das Protokoll zeigt hier den Kaktus mit 3 Blüten, denn der Kaktus schafft Blüten nur mit der Verwertung von Wasser als Spezialist zur Wasserspeicherung.
Biene + 6 Beine = Wissen denn Bewusstsein/ Bemerken/Erfühlen plus Dynamik/Erkennen/Begreifen schafft Wissen. Für das Wissen aber steht das Zeichen Sonne in 2) und Wissen ist symbolisiert in der 4. An dieser Stelle steht im Diskus die Verbindung Zentralmutter und Sonnenblüte.
Die Zentralmutter hat das Zeichen 8 = Verbindung auf der Wange und die Sonne ist stirnbezogen = Erkennen der Verbindung von Sonne und Planeten wie von Samenkorn und Blüte.

Das Protokoll zeigt hier den Adler auf dem Kaktus. Der Adler hebt den Fuß (Stacheln des Kaktus sind überzeichnet) denn er musste erfahren, dass Stacheln stechen.
Beachte: Auch Hühnchen (z.B. in Zeichnung 2) zeigt mit dem Flügel den 8ter-Hinweis als Ansatz von 2 Kreisen (siehe auch auf dem Diskus das Zentralzeichen Rückseite = Milchstraße oder Doppelfluss Jordano. Wie auch der Stein/Patl im Protokoll = Flügelzeichen aus der Kartusche und Zeichen Milchstraße aus dem Diskus).
Die 5 ist der Mensch = 2.tes Zeichen in Zeichnung C) = Oberarm (weiß),Unterarm (schwarz) Hand.(weiß), Daumen (schwarz) und Axt oder Fahne (schwarz) = 5.
Nur der Mensch „tut", wissend mit Werkzeug. Der Diskus zeigt hier das Kind, laufend, greifend, sehend/neugierig, verbunden mit Ruder (tun anfertigen) und Pflanze (Essen/Nahrung).
Das Protokoll zeigt hier den Adler, verbunden mit 2 Pflanzen und 2 Menschen, wobei die eine Pflanze (links) in der Spitze und 2 Blättern den Wert 3 zeigt (Bewusstsein).
Die rechte Pflanze zeigt mit der Spitze und den vier Blättern den Wert Mensch. Beide Menschen zeigen das Zeichen Fahne, wovon die linke Fahne beschrieben ist.

Damit liegt 6 gleich Dynamik auch bei dem 2. Zeichen in Zeichnung 3). Der Mensch tut.
Im Diskus läuft, greift und sieht der Mensch und im Protokoll sitzt er, denkt er und zeigt durch die Fahne/Panier = Wegzentrum als sichtbaren Beginn (Wegweiser).
Zwischen beiden ist das Haus = vom Menschen gefertigt. Der Diskus zeigt das Zeichen Kind in Verbindung mit der aus dem Samen kommende Pflanze und abstrahierten Hände als Tun/ gebaut/ Gebäude .
6 = Dynamik steht auch für die einfachste Form der Verbindung, z. die Zeugung/Hochzeit.

Mit der Dynamik in 6 enden die Möglichkeiten des einzelnen Menschen. Darum ist 6 eben auch eine Form der Verbindung. Nur über die Verbindung mit dem anderen Menschen, mit dem Partner, mit dem Freund, kann die 5/Mensch zu den "göttlichen' Prinzipen werden. Dies sind die Werte von 7 bis 10.
Durch die Hochzeit z. B. wird der Mensch zu 7.
7ist das Prinzip Erde = allen Leben geben.
Darum zeigt die Zeichnung 3) hier wieder die Schnecke. Die Schnecke steht für das Zentrum Kreta.
Kreta ist das Weltzentrum und als Insel des Vaters Symbol der Bewegung.
Dabei steht die Schnecke auch für langsam/stetig/geduldig, eben Langzeit. (wie Schildkröte auch).

So stellen die beiden Hühnchen in Zeichnung 2) auch die einfachste Form des Menschen dar. (s. Diskus Kind, Staunender und Atomverseuchter)..Aber auch wieder die beiden Weltkreise um das Weltzentrum (Schnecke), denn die Erde ist 7ter Planet von außen gezählt.
Da die 6 auch Gefahr darstellt und Krieg ist der 6te Planet Aries oder Mars, der Kriegsgott, der feuerrote und gefährliche Planet.
Aries ist minoisch zu übersetzen mit: Zentrum emotionalen Beginns der Darstellung. Beginn ist immer auch Veränderung und ohne Ratio oft katastrophal.
Aphrodite = Zentrum des Wegbeginns der Materie (und) des klugen Tuns Beginn im Tunbeginn ist überlegte Zuwendung und in der 8 das Prinzip emotionaler Verbindung .
Die 8 steht dabei für den 8. Planeten (Venus).
Zurück zu der 7. Der Diskus zeigt hier das Zeichen Zeit als Pflanze.
Es handelt sich um eine Blütenpflanze die Frucht angesetzt hat und an den Blattachseln erkennen lässt, dass sie die Blätter schon abwarf. Die Wurzeln der Pflanze durchbrechen die Zeitlinie / Gravitationslinie der Diskusspirale und gehen damit zurück in die Vergangenheit.
Alles unter unseren Füßen ist die Vergangenheit. Darum verbindet dieses Zeichen Zeit auch die zwei abstrakten Hände oben mit den 2 abstrakten Händen unten, denn Bauwerke über der Erde stehen immer wieder (verschütteten) Bauwerken unter der Erde gegenüber. Da die beiden Hände aber auch ein Jahr darstellen (eine Hand - ein halbes Jahr / s. Kalender), wird klar dass die Pflanze zwischen 2 Jahren steht und ist somit einjährig ist.
Es handelt sich um eine Lilie.

Das Protokoll kehrt hier zum Zeichen Erde zurück in Verbindung mit 2 Menschen, von denen einer das Zeichen Schuh zeigt (Verbindung mit der Erde) und der Andere das Zeichen Gang (Bewegung ,Aufmerksamkeit).
Griechisch Kina gleich Gans ist minoisch zu übersetzen mit: Bewegung - sehen. Aphtokinto - das ist (sich) bewegend. (Aphtokinto ist das Auto.).

Die Pflanze auf Position Gewicht/.Erde bei dem Mensch mit Schuh hat 7 Blätter = Erde (Protokoll Codex Mendoza).

Die 8, das aphroditische Prinzip/Emotionale Verbindung und Verbindung allgemein zeigt sich in der Kartusche bei der Flügelacht des Hühnchens. Im Diskus ist es die Wangenacht des Zeichens Mutter und die 8 Strahlen des Zeichens Sonne und Venus. Im Protokoll sind es die Füße des Adlers mit jeweils 3 Fingerklauen und der rückwärts gerichteten Daumenklaue.

Die 9, das hermische Prinzip ist in der Zeichnung 4) die Sonne gleich dem Wissen des Menschen in der 4 plus 5 = 9.
Im Diskus ist es ebenfalls die Zentralsonne mit 8 Strahlen aus dem Zentrum.

Im Protokoll sind es die Kopf- und Nackenfedern des Adlers, eingeteilt in 4 und 5 = Wissen des Menschen = 9 = Rationales Prinzip.

10 bedeutet Licht/Lehre/ Erleuchtung und ist in der Kartusche B) die Sonne plus Kreis als 9 plus 1 = 10.
Im Diskus ist es die Sonnenblüte plus Samenkornplanet in 9 =10.
Im Protokoll sind die 2 Kakteenblüten = 4 - 5 + Erde/Planet.
10 steht auch für den Mond als reflektierende Lichtquelle des Lichtes der Sonne.
Die 20 ist 2maliges Licht als die Vollständigkeit.
25 als Vollständigkeit des Lebens des Menschen steht für Realität und 26 = Vollständigkeit der Dynamik steht für die Wahrheit.

Alle anderen Werte lassen sich aus diesen Grundwerten ergänzen.
So ist 11 = Licht des Seins/Dunkel oder Nacht.

Der Platz des Minos und der Orua auf der Theatertreppe von Phaistos

Die Schalen der Sitze von Phaistos.

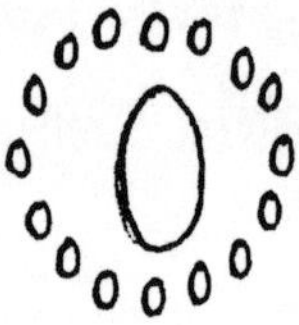
A

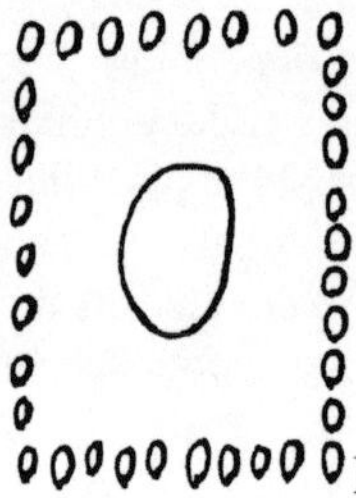
B

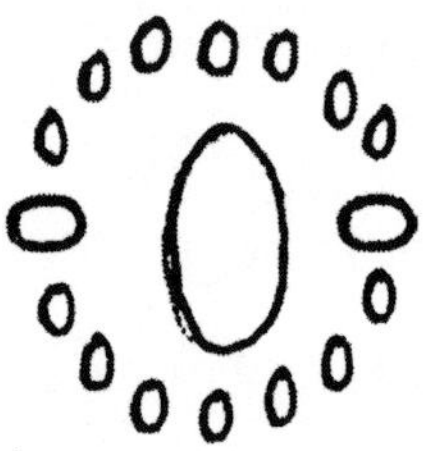

= 8/7 = 1,1428571 = 22/7 (Phi)- minus 2

Die 16 Kreischen A) sind die 2 mal 8 Positionen des Minoischen Kreises der Basis II -Schreibung. Damit ist Schlüssel (16 Lautpositionen) und Aufgabe (Rechteck B) nebeneinander gesetzt. 16 bedeutet Licht der Dynamik und 1 bedeutet: Ich bin.
Zentraloval plus 16 gleich 17 und 17 bedeutet Licht der Erde
Damit ist die Aussage: Ich bin Licht der Dynamik und Licht der Erde. Da es sich um einen Kreis handelt, (siehe Stele der Tentperet) saß hier ein Mann.
Konkretisiert:1-4-12 gleich: Sein des Wissens der Sonne.
Noch deutlicher: Sein des Bewusstseins und Wissens der Sonne als Licht der Erde. Damit ist die Aussage: Der Wissende und Weitergebend gleich Minos gleich Darstellung beginnenden Geistes und des Sehens der Verbindung (zum Ursprung).
Die letzte Lesung ergibt sich durch die Gruppierung der Kreischen.
Bei C) setzen sich 3-4 Kreischen ab. In Verbindung mit dem Zentraloval ergibt dies:1-3-4-17. Die abgesetzten Kreischen bilden mit den Achsen durch ihre Mittelpunkte den Winkel von 151°. Umgerechnet mit dem Präzessionswert (1°

gleich 75 Jahre) ergibt dies 11.341 v Null. Zu diesem Zeitpunkt wurden also diese Lochinformationen fertiggestellt.
Somit am 11.11.11.456 v Chr., dem Tag des Weltzusammenschlusses, den wir als Karneval noch heute feiern.
Das Rechteck zeigt als kleinste Reihe die Folge von 8 Löchern.
Auf der Planseite folgen 9 Löcher, 10 sind es auf der Ratioseite und 11 auf der Darstellungsseite.
Somit ist die Aussage in Verbindung mit dem Zentraloval: Ich bin die Verbindung des Rationalen Prinzips in Tag und Nacht.
Dieses war demnach der Platz der O Rua, der Gemahlin des Minos.
Bei dieser Art der Lesung ergeben sich 38 Kreischen gleich Bewusstsein der Verbindung.
Die reale Zählung ergibt aber nur 34 Kreischen mit der Bedeutung: Bewusstsein des Wissens. Real ist, dass jede Seite tatsächlich die Anzahl von 8,9,10 und 11 Kreischen hat, die Ecken aber doppelt gezählt werden, wenn man die so erhaltene Seitenzahlen nur addiert.
Zählt man die Ecken nur einmal, ergeben sich die Werte: 7,8,9,10 gleich 34 -8-9-10 gleich Erde und Verbindung des Rationalen Prinzips als Licht.
Somit ein erneuter Hinweis auf Frau/Weib (Ba i Be ist das Grundwort für Weib gleich : Basis des Beginns der Basis).
Somit kann man fragen: „Wer saß auf Platz A ?"
Die Antwort: 17:16 gleich 1,90625 gleich Licht der Dynamik der Realität gleich Mann !
Platz B) 39:35 gleich 1,91142857 gleich: Fruchtbares Dunkel des Lichts des Wissens der Verbindung der Erde des Menschen.
10 steht auch für Tag und 11 steht für die Nacht. Somit gibt es eine Übereinstimmung mit Vorderseite und Rückseite des Diskus von Phaistos, der mit Vorderseite die Tagseite zeigt und mit der Rückseite die Nachtseite zeigt.
Tag steht für väterlich und Nacht für mütterlich.

Die Vorstellung von der Auferstehung des Fleisches ist Glaubensfrage.
Leben ohne Körperlichkeit und in anderen Dimensionen dagegen ist vorstellbar.
Nicht vorstellbar jedoch ist, dass einem Pharao erst die Eingeweide herausgenommen wurden und ihm dann noch Nahrung hingestellt wurde.
Die Grabbeigaben wie auch der mumifizierte Leichnam galten der Informationserhaltung und der Erhaltung des menschlichen Wissens.

Die oben gezeigten vier Kartuschen bestehen aus zwei Formen (4 – 2: Wissen des Lebens), einem offenem Bild und drei geschlossenen (1-3-4 gleich: Sein des Bewusstseins und Wissens)
Alle vier Bilder zeigen vier Bildelemente. 4 mal 4 gleich 16 gleich Licht der Dynamik.
Die drei Umschlüsse zu den 16 ergeben 19 gleich: Licht des rationalen Prinzips oder auch höchste Form geistiger Möglichkeit.

Diese vier Bilder fanden sich in den Kammern über der Königskammer.
Von diesen Kammern war nur eine über den Gang aus der großen Galerie erreichbar. Um in die anderen Kammern zu gelangen musste meterdicker Granit gesprengt werden.
Zu der „ Königskammer“ jedoch führen Gänge, die nur teilweise verschlossen waren und somit unter leichteren Bedingungen zum Ziel führen.
Doch genau dort soll der ach so kostbare Leichnam des Pharaos gelegen haben, der sich eben diesen künstlichen Berg dazu erbauen ließ, damit er ungestört in das Jenseitige hinübergleiten konnte?
Gesicherter aber als diese kühne, aber in das profane Denkschema der Ägyptologen passende Vermutung, (Beweise fehlen nach wie vor; es fand sich nur der sogenannte Sarkophag) sind die obigen Bilder, denn sie sind real.
Wenn der Pharao schon Nahrung und Schätze für das Jenseits brauchte, warum dann nicht auch etwas zum Lesen?
Die 4 Granitkammern oberhalb der Königskammer sind durch 5 Granitebenen verschlossen.
4 - 5 bedeutet: Das Wissen der Menschheit.

Die Süd-Nord-Treppe des Palastes von Phaistos

Die Wahrheitstreppe, mit 26 Stufen = 351 Stufeninhalten, denn: bei Rampentreppen steht unter z.B. der 26. Stufe eine „Säule" von 25 Steigungen, denn unter der zweiten Stufe liegt ein weiterer Stufeninhalt. Somit also 1+2+3+4 u.s.w. bis 26.
Die 26 Stufen stehen für 26 Sonnen. Somit liegt der untere Beginn der Theatertreppe noch einmal einige Sonnen tiefer.
351 bedeutet: Bewusstsein des Menschseins.
Die Wahrheitstreppe ist durch eine vorspringende „ Stolperstufe" in die neun und die 17 unterteilt, welches bedeutet: Rationales Prinzip des Lichtes der Erde.
Die Wahrheitstreppe weist auf den Gipfel des Mavri-Ida. Der, oder besser die zwei Gipfel dieses Berges sind zu einer Doppelpyramide bearbeitet, deren Spitzen 800 m von einander entfernt sind.
800 m stehen zur Äquatorlänge 40.000 Km wie 50.000 zu 1.
Das Wort Pyramide lässt sich nicht aus dem Ägyptischen übersetzen, aber statt dessen sehr wohl aus dem Atlantisch-Minoischen.
Und dort bedeutet Pyramide Feuerbauwerk. Das Wort Pyros steht noch heute im griechischem für Feuer.
Auch wird in den alten Beschreibungen des Pyramidenbaues erwähnt, das minoische Baumeister dort genauso Rat gaben wie beim Bau des Tempels von Alabat.
Die Wahrheitstreppe des Palastes von Phaistos läuft genau auf die älteste Pyramide der Welt, den Mavri Ida zu. Sie ist aufgrund ihrer bearbeiteten Gipfel und der bearbeiteten Hochebene dazwischen nicht nur die älteste, sondern mit fast 2.000 m auch die höchste Pyramide der Welt.
Die Entfernung des Mavri Ida (schwarzer Ida) zur großen Pyramide von Gizeh beträgt 830,5 Km. In minoischen Maßen sind dies 86.372 m = Verbindung der Dynamik des Bewusstseins des Erdenlebens.
Dieser Abstand zwischen den beiden Pyramiden dividiert durch den Gipfelabstand der beiden Spitzen des Mavri Ida (830500 : 800 = 1038,125) ergibt die Bedeutung: Licht des Bewusstseins der Verbindung der Sonne des Menschen.
Ein alter Name Kretas war AERA, welches meist fälschlicherweise mit Wind übersetzt wird. Wind aber ist AERAS.
Die Stele der Tentperert zeigt die Weltensäule über Aera und verdeutlicht, dass es sich dabei um Land handelt.

AERA heißt Zentrum der Wahrheit der Sonne. (in der tahitianischen Schöpfungsgeschichte wird der Mensch aus ARAERA-roter Erde- geschaffen)
Der Gipfel des Mavri Ida ist ebenso konkav gekrümmt wie die Nordwand des Palastes von Phaistos. Das Zentrum der Krümmung des Kreise muss in Phaistos liegen, denn aus dem Mittelpunkt der Krümmung der Gipfelwand heraus kann

nachweislich laut und vernehmbar so gesprochen werden, das dies im 18 Km entfernten Palast von Phaistos zu hören ist.

Dividiert man die 800 m des Gipfelabstandes durch die 30 m Länge der Nordwand von Phaistos ergibt sich der Wert 26,666 gleich Wahrheit der Dynamik.

Fritz Schachermeyr (Die Minoische Kultur des alten Kreta) wies nach, dass eine Lichtquelle aus dem Ida im alten Ägypten zu sehen gewesen sein muss. Alte Bericht sprechen von einer 500 m langen, vergoldeten Doppelaxt (dem Symbol des alten Kretas schlechthin), die auf der Gipfelwand zwischen den beiden Gipfeln des Mavri Ida befestigt war.

Das gebündelte Licht dieser Axt dürfte es gewesen sein, welche auf der Großen Pyramide in Gizeh zu sehen war und über welches man sagte: „das goldene Kreta scheint herüber“!

Diese gewaltige Reflexion des Sonnenlichtes war auch bei Tage zu sehen. Pyramiden als Feuerbau zu benennen ist schon dadurch gerechtfertigt. Aber auch die Möglichkeit eines weltumspannenden Nachrichtensystems auf Basis der numerologischen Symbolwerte ist somit vorstellbarer.

War Phaistos der Mittelpunkt für den Gipfelkreis des Mavri Ida, dann beträgt der Radius des Kreises 18 Km und der Durchmesser 36 Km. (360 Tage oder 1° gleich 1 Tag)
Der Umfang (Durchmesser x Pi) beträgt dann 1131428,5m und dies bedeutet in minoischen m 1176685,6 gleich Sein des Lichtes der Erddynamik der Dynamik der Verbindung des Menschen der Dynamik.

1131428,5 : 800 gleich 1414,2856 gleich Licht des Wissens des Lichtes des Wissens der Verbindung des Menschen der Dynamik.

360 : 1414,2856 gleich 0,2545° gleich Realität des Wissens des Menschen. Da 1° gleich 1 Tag ist, ist 0.2545° gleich 6,1090896 Stunden gleich Dynamik des Lichtes und der Vollkommenheit des Rationalen Prinzips der Verbindung des Rationalen Prinzips der Dynamik.

Noch konkreter wird die Aussage bei 365,25 Tagen dividiert durch 1414,2856 gleich 0,2582575 gleich Realität der Verbindung der Realität der Erde der Menschen.

Fast wie ein Katzenauge leuchtet die Stufe 9 mit ihrer zur Sonne geneigten Fläche aus der Wahrheitstreppe.

Den gleichen Effekt hatte die Große Pyramide mit ihrer nach Süden gerichteten Seite beim Sonnenstand im Zenit, denn die Ummantelung der Pyramide war behauener Kalkstein und die Seiten der Pyramide waren konvex, das Licht sammelnd und bündelnd.

Die West – Osttreppe des Palastes von Phaistos

Sie begleitet die Sonnenbahn und trägt ein Lochschriftsystem.
Einer der wichtigsten Punkte auf dieser Treppe ist mit dem Lochschriftsystem verbunden.
Es ist eine Felsritzzeichnung, welche einen Mann und eine Frau darstellt, die um ein Kind tanzen.
Diese Zeichnung ist 37 cm hoch, minoisch 38,48 cm und trägt somit die Aussage: Bewusstsein der Verbindung – Wissen der Verbindung.
(Frau ist Bewusstsein; Mann ist Wissen; Kind ist Verbindung)

Die Zeichnung befindet sich auf der 5.Stufe und es bleiben 7 weitere Stufen bis zur Gesamtanzahl von 12.
Aussage = 12 –7-5 = Sonne des Menschen der Erde (ist der Tanz um das Kind)
Da die Zeichnung in West – Ostrichtung verläuft und der Mavri Ida – Gipfel von dieser Richtung nur um 1° abweicht muss das Gipfelverhältnis ebenfalls dazu eine Aussage machen. Dies um so mehr, da die beiden Gipfel mit unterschiedlichen Höhen wiederum das Mütterliche und das väterliche Prinzip darstellen.
800 : 0,37 = 2162,1621= Leben des Lichtes der Dynamik des Lebens, Licht der Dynamik des Lebens und des Seins.
Licht der Dynamik ist der Tanz, Leben steht für das Paar und Sein steht für das Kind = Moro = Materie gewordene Energie. (Moro griechisch für Kind)

Die „Treppe der Sonne „ führt zum Haupteingang des Palastes. Sie läuft auf eine kreisrunde Säule zu, die sich nach oben hin verstärkt.
Diese Säule hatte am Fuß einen Durchmesser von 1,28 m = 1,3312 mino. M. und sagt somit aus: Stern des Bewusstseins der Sonne.
Der Schatten der untergehenden Sonne musste auf die darauf folgende rechteckige „ Säule „ fallen, die 2,14 m = 2,24256 mino. M. maß.
Die Aussage ist somit: Leben des vollkommenen Wissens der Realität der Dynamik.
Mit aller nur möglichen Deutlichkeit wird hier mitgeteilt : Dies sind Messungen des 24ziger Rhythmus, den wir Stundeneinteilung nennen.
Diese Stundeneinteilung findet sich auf dem Minoischen Kalender, der Doppelaxt von Kato Zakro wieder.
Das Zentrum von 28 Tagen (Mondmonat) ist dort von 12 Tag- und 12 Nachtstunden umgeben, woraus sich auch der Hinweis auf die 52 Jahre des Sonnenaufgangspunktes ergibt. Denn 28 = Vollkommenheit der Verbindung plus 24 = Vollkommenheit des Wissens ergibt 52 = Des Menschen Leben.
Mit einer Lebenserwartung von 52 Jahren konnte der Mensch die Veränderung des Sonnenaufgangspunktes leicht beobachten. Geht zum Beispiel bei Beginn

des Bewusstseins eines Menschen die Sonne am Rande einer Landschaftsmarke auf oder unter, dann verschwindet dieser Punkt nach 52 Jahren hinter dieser Landschaftsmarke oder deutlich neben ihr.
Die Tür meines Arbeitsraumes hat die gleiche Ausrichtung wie der Palasteingang von Phaistos.
Da ich überwiegend nachts arbeite und morgens mit der aufgehenden Sonne die Haustiere versorge, kann ich nicht übersehen, wenn Vollmond ist. Dann steht im Westen der Mond dem Sonnenaufgangspunkt im Osten genau gegenüber.
Die verschiedensten Untergangspunkte der Venus zum Beispiel haben sich mir so eingeprägt, dass ich sofort bemerke wenn ein anderer Stern in der Nähe dieser Punkte untergeht.
Die Maße der Säulen sagen deutlich aus, dass auch Mond und Sternbeobachtungen durch sie möglich waren.
Bei dem Verhältnis der beiden Säulen brauchen nicht einmal die Maße in das minoische übertragen zu werden um informativ zu sein.
2,14 : 1,28 = 1,671875 = Licht der Dynamik (Bewegung) der Erde, Licht (Lehre/Erkenntnis) der Verbindung der Erde der Menschen!
Die beiden Köpfe der Tänzer auf der Sonnentreppe von Phaistos entsprechen der Formen der Säulen in rund und eckig, in westlich und östlich und sogar im Abstand voneinander.
Der Kopf des Weibes ist 4,3 cm breit = 4,472 mino cm. = Wissen des Wissens des Erdenlebens.
Der Kopf des Mannes ist 8,2 cm = 8,528 mino cm = Verbindung des Menschen des Lebens der Verbindung.
8,2 :4,3 = 1,9069767 = Licht des rationalen Prinzips über die Zeiten hinweg zur Dynamik rationalen Prinzips der Erde (und) Dynamik der Erde.
Weibliche Säule geteilt durch weiblichen Kopf = 1,28 : 0,043 = 29,7674 = Vollkommenheit des rationalen Prinzips der Erde Dynamik und der Erde Wissen.
Gleiche Rechnung auf den männlichen Kopf bezogen ergibt Wahrheit über die Zeiten des rationalen Prinzips der Erde und des Menschen Dynamik.
Die Säulen enthalten in ihren Maßen die gleiche Aussage wie die Tänzer.
Durch diese Parallelität wird auch deutlich, warum in minoischen Palästen so oft runde Löcher und eckige Vertiefungen auf den Türschwellen Paare bilden.

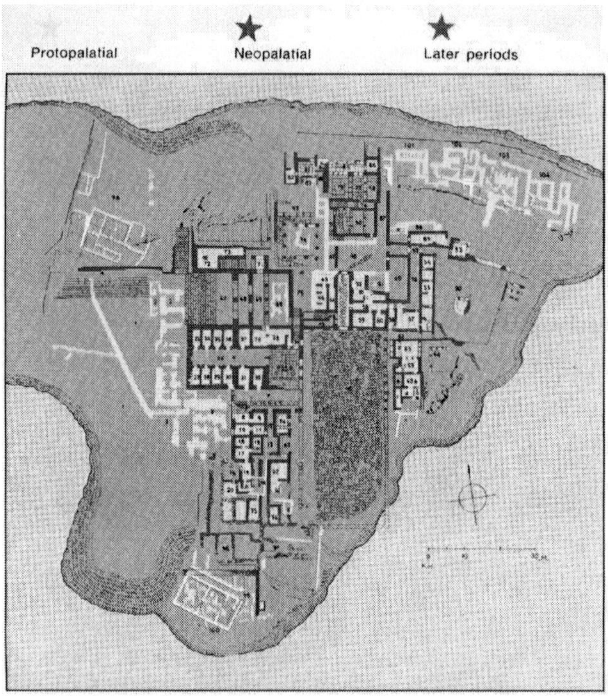

Plan des Palastes von Phaistos

Die Säulen des Eingangsbereiches von Phaistos sind auch der Anordnung nach informativ.
Die zwei nacheinander stehenden Säulen folgen 3 quer zu ihnen stehende. Laufen die runde und die eckige Säule in Ost-Westrichtung, so laufen die folgenden 3 in Nord-Südrichtung.
2 dieser Säulen haben gleiche Durchmesser und die südlichste ist im Durchmesser kleiner. Es ergibt sich ein Kreuz ohne Spitze.
Die Information kann so nur 2 – 5 = Leben des Menschen sein. Hier ist das Individuum in Frau und Mann unterschiedlich dargestellt.
Sie finden sich im Golf von Mesara wieder als die zwei Inseln der Paximadia. Die östliche Insel, auch Lithoe genannt, sieht aus großer Höhe wie ein Haus aus und hat die Form eines Halbkreises in der Horizontalen.

Die westliche Insel ist als Schiff mit Ruder zu erkennen. Dieses Steuerruder gibt einen Kreiskurs an, der von West nach Ost verläuft und damit der Bewegung der Erde um die Sonne folgt.
10 eingemeißelte Felsrinnen an jeder Seite stellen die Bewegungsruder dar und ergeben die Aussage: 10 –20 –1 = Licht der Vollkommenheit des Seins (siehe Kalender).
Das Wort Paximadia setzt sich zusammen aus Paxo = Weg des Lebens, ma = wir und dia = zwei. Zusammen bedeutet dies „ der Frieden unserer Zwei!“
Um Kreta befinden sich drei Inselgruppen gleich der Paximadia (im Golf von Mesara, bei der Insel Dia vor Irakleio und bei Sitia, somit im Süden, Norden und Ost – Nordost.)
Drei, griech.Tria steht für minoisch Familie gleich Mutter, Vater und deren Verbindung, das Kind. Haben unsere zwei keinen Frieden, kommt es nicht zur Drei!
Tria, im Sinne von Familie kommt noch heute in Trialonis vor, der Familientenne.
Die Griechen kennen den Krieg von Troja nicht, wohl aber den Krieg der Familie von Tria. So wurde er von Homer ja auch dargestellt.
Die drei Säulen stellen Tria dar, die Familie. Die zwei gleichen Säulen zeigen 1,11 m Durchmesser und die kleinere hat einen Durchmesser von 0,72 m. Die sich daraus ergebende Aussage nach der Umrechnung in minoische Maße ergibt: Sein des Lichtes des menschlichen Wissens und der Erde Wissen der Verbindung. Wissen des Wissens und Verbindung der Verbindung ist die Steigerung von Wissen und Verbindung, die sich noch heute im griech. Als Wissen im Quadrat gehalten hat.

Da die Säulen als Lochschriftsysteme wirken, wie Loch-, Schalen- und Näpfchenstein, dienen sie auch als Wegweiser.
Die Reihe der Eingangssäulen ist 2 – 5 = Leben des Menschen.
Gemäß des minoischen Farbkompasses dargestellt ergeben die Werte Nord = Weiß plus Süd gleich Schwarz die Zwei, denen die Farben und Richtungen der Waagerechten folgen:
Gelb gleich West (hier auf der Südposition) gleich Kind als Darstellung, Blau gleich Zentrum gleich Vater als Impuls und Rot gleich Ost gleich Mutter als Plan (wie die Dinge sein sollen und Umfassung (dem Impuls Leben gebend).
Es müssen drei Säulen folgen um das Zahlenverhältnis 2 zu 5 zu 8 darzustellen. (dieses Zahlenverhältnis wurde zur gleichen Zeit von Maria Reiche in der berühmten Ebene von Nazca/Peru anhand der Tier- und Linienzeichnungen erkannt)
Die Hilfe der Wegfindung ist dabei die Positionsverschiebung der Muttersäule von der Westposition auf die Nordposition.
Die Lesung der Farben und Positionen in Lauten ergibt bis hierher: RA MA KAS. Übersetzt:

Sonne unser, Plan des Zentrums der Darstellung (unter anderem auch des Palastes).
Die Mutterposition wandert somit im Uhrzeigersinn und muss sich nun südlich wiederfinden. Bei der Darstellungssäule führt ein Weg (um den Innenkomplex) nach Osten auf ein Treppenplateau.
10 (Licht/Lehre) Treppen führen von dort abwärts und 8 aufwärts.
Nach 19,066664 mino m von der Säulenmitte Vater, liegt nach Osten eine von drei Säulen, die in Ost – Westrichtung verlaufen. (Licht des rationalen Prinzips (über die Zeiten), Dynamik zum Wissen = 18,33 m.
Die Säulen verkleinern ihre Fußquerschnitte nach Westen. Damit ist die Lesefolge festgelegt, denn das Kleine ist immer der Anfang des Großen. (siehe auch Satz aus dem Diskus von Phaistos)
Das vollendete Zahlenverhältnis 2 zu 5 zu 8 gleich Leben des Menschen der Verbindung liest sich nun : RA MA KAS SA A K gleich Sonne unser, Plan des Zentrums der Darstellung im Zentrum das Plans (des Palastes).

Die Säulenfußdurchmesser ergeben: Dynamik der Ratio der Ratio des Menschen als Licht der Dynamik; Verbindung der Dynamik der Ratio (als) Verbindung zur Verbindung der Verbindung des Wissens ; Sein des Lichtes der Menschen des rationalen Prinzips Verbindung des Menschen zur Sonne.
Alle Säulendurchmesser zusammen (0,6959106 mino m + 0,8698884 mino m + 1,1598512 mino m) ergeben 2,6817841 = Wahrheit der Verbindung (als) Licht der Erde der Verbindung des Wissens des Seins.
Mit diesen drei Säulen ergänzt sich der Farbkompass um Wahrheit / Orange / Nordost, hier Mitte = väterlich; um Dynamik/Violett/Südost, hier Osten = mütterlich und um Beginn/Grün/Nordwest, hier West = Kind.
Damit sind die Zustandsformen von Licht und Dunkel gegeben, denen die drei Farben erster Ordnung folgen in Rot-Blau und Gelb und die Farben 2. Ordnung in Grün, Orange und Violett.
Da Grün = I, Orange = E und Violett = U sind ist die Leseergänzung: RA MA KA A S – IS AE UKO .
Die Bedeutung: Sonne unser – Plan des Zentrums der Darstellung – Beginn der Darstellung des Zentrums der Wahrheit der Dynamik der Verbindung.
Damit befinden wir uns in I/A dem Mittelhof und der Blick ist frei zur Beobachtung des Sonnenaufgangsbereiches.
Noch fehlt das Omikron für die Himmelsrichtung Südwest, dem Begriffsinhalt Verbindung und der Farbwert Gold.
Gold ist tatsächlich als materielles Element gemeint, denn es zeigt den Übergang der zweidimensionalen Farbwerte in den dreidimensionalen Raumwert an.
Zurück zum Treppenkomplex des Palastes.
Die 10er Treppe wieder hinauf, und dann die 8er bis zum Punkt J.
Nach 26,62 mino m findet sich die Säulenmitte der Verbindungssäule. Die Bedeutung vorgenannten Wertes: Wahrheit der Dynamik lebenden Wissens.
(mit Hinweis auf den 24 Stundenrhytmus des Tages).

Auf den Weg zu dieser Säule wird nach 18,876 mino m = Licht der Verbindung, der Verbindung der Erddynamik (Erddrehung) der Mittelpunkt der Eingangssäulen wieder erreicht und es sind noch 7,748 mino m zur Verbindungssäule.
7,748 = Der Erde Wissen der Verbindung ist der Hinweis auf das Wissen um die Drehungs- und Rotationskräfte der Erde.
Die Verbindungssäule hat ebenfalls einen Säulenfuß von 1,1598512 mino m (siehe oben). Die Säule Omikron liest sich nun auf der Südposition zu den folgenden 4 mal 4 Säulen R und auf der Nordposition zu den vorhergehenden Säulen M somit: RA MA O = Sonne unser Verbindung = Verbindung unserer Sonne.
Diese Verbindung gilt den folgenden realen 12 Säulen des Raumes des Kalenders.
12 ist die Sonne und es ist darum nur richtig, das Jahr in 12 Monate einzuteilen. Wenn der Kalenderreformator Gregor dieses noch gewusst hat, dann liegt irgendwo auf der Strecke von ihm zu uns der Punkt des Wissensverlustes.
(siehe Kapitel Kalender)
Die Säulen des Raumes bei Punkt J zählen real 12, über die Doppelzählung der Eckpunkte aber 16.als Licht der Dynamik ist der Außenkreis der 16 Positionen des minoischen Kreises.
16:12 = 1,333 = Stern des Bewusstseins.
Es fehlt das Zentrum = 17:12 = 1,416 = Licht des Wissens der Dynamik und die Umfassung (Omega) = 18, dann wird die Aussage: Licht des Menschen—denn 18:12 = 1,5.
Es zeigen sich drei eindeutig runde Säulen und neun eckige Säulen = Bewusstsein des rationalen Prinzips der Sonne.
Die eckigen Säulen sind teilweise angerundet und sogar vieleckig. Der Grund ist ihre Positionslesung. Diese findet sich auch bei den Platten des Bodenbelages wieder. So ist die überbaute Lesung des Plattenbelages der Raute im „Königsteil des Palastes (Punkt K) = IME KUROS = Ich bin der Verbinder der Materie.

Der Plattenbelag der beiden großen Höfe ist eindeutig in 5 Größen unterteilt.
Die Unterteilung auf dem Westhofgelände ergibt sich durch den „Laufsteg“.
Der Mittelhof zeigt die grobe Einteilung, die feinste Einteilung in Bezug auf die Plattengröße zeigt sich östlich.
Das Kleine ist Anfang des Großen!
Die Lesung des West- und Osthofes in Verbindung mit dem verplatteten Teil bei B ist:
GO XO AS I PA = Der Erde Leben Zentrumsdarstellung (und) Beginn des Weges.
Phaistos liest sich minoisch PAI STO S = Weg, Zentrum, Beginn der Darstellung des Tuns der Verbindung (als) Darstellung.
Somit: Ort, der den Anfang der Verbindung darstellt!

Die Lesung sagt dasselbe, nämlich das Phaistos das Zentrum des Zentrums ist. Dem gegenüber ist Knossos rationalisierte Angeberei und uns deshalb auch so nahe und interessant. Sir Evans hat weniger die wahre Grundlage von Knossos sichtbar gemacht, als vielmehr dass, was wir sehen wollten und somit uns.

Markanteste Zeichnung des Westhofes ist der „ Laufsteg".
Sein Beginn ist auf der Theatertreppe zu finden.
Die fünfte Stufe von oben ist größer als die anderen Sieben.
Die Lesung: Zentrum des Menschen im Wissen und Bewusstsein der Erdverbindung.
A MA EK URA OS = Zentrum unserer Wahrheit des Plans der Dynamik der Sonne (und) der Verbindung der Darstellung.

Somit ist der Schlüssel gegeben, den gesamten „Laufsteg" zu lesen und mit ihm die Plattentexte des Palastes von Phaistos zu entziffern.

Das Bild auf Seite 67 zeigt die Weiterführung des „Laufsteges" zum ältesten Teil des Palastes, zum Lochstein.
Dieser Lochstein ist mehrere Sonnen lang beschrieben worden. Er macht die Behauptung, Kreta sei erst um 5000 v. Chr. besiedelt worden, mehr als überprüfenswert.

Das Foto auf Seite 85 zeigt die Nordwand und die Schattenwirkungen auf ihre Einteilung.
Zu beachten sind die 8 Dreiecke der Senkrechtteilung durch die 8 waagerechten.
Die Wand ist durch 4 Senkrechte in 5 Segmente geteilt und zeigt 8 waagerechte Vorsprünge. (Schatten).
Lesung: 4-5-8 = Wissen des Menschen der Verbindung.
Die 5 Segmente stellen die fünf besonderen Tage des Jahres dar (gegenüber den 360 kalendarischen Normaltagen). Denn 9 Stufen haben insgesamt, mit Unterbau, 45 Steigungen. Dies mal 8, nämlich den 8 hervorgehobenen Stufen des Steges (siehe Schatten) ergibt 360 Tage. Plus der 5 besonderen Tage (Wenden, Gleichen und Tag zwischen den Jahren) ergeben die 365 Tage des Sonnenjahres.
Wenn die Wandsegmente Tage sind, dann sind die 6 inneren-, gleichen Dreiecke Stunden.
4 x 6 = 24 Tagesstunden dividiert durch YALO/ die hohe Zeit, die wir Ebbe und Flut nennen und die einen 6 Stundenrhytmus hat. Yalo ist noch heute im griechischen die Bezeichnung für (offenes) Meer.
Der Richtung der Theaterwand folgend kommen wir geradewegs nach Agia Triada = Zentrum des klugen Tuns der Drei (Familie/Mensch). Diese Ausgrabungsstätte in cirka 1,5 Km Entfernung Luftlinie als Sommerpalast des Minos zu betrachten ist wirklich nur oberflächlichen Betrachtern zu zuschreiben.

Dies Anlage ist eher der Talbau von Phaistos, wenn Phaistos der Höhenbau ist. Agia = Zentrum des Zentrums des Erdbeginns und Agio = Verbindung des Zentrum des Erdbeginns und Agios = Darstellung des Zentrum des Erdbeginns sind minoische Wörter, die erst von den Christen ins unverständliche und unwahre „ heilig“ verwandelt wurden. Ab diesem Zeitpunkt wird die Benennung plötzlich christlich und damit vergangenheitsunbezogen. Wer so an Gesellschaftsbildung beteiligt sein will, der versucht zu angeln, denn er fischt im Trüben.
Die Theatertreppe hat mit der Zeit zu tun und der Steg mit seinen Winkel erst recht und Zeit ist Y gleich Laufsteg.
Der Winkel ist 164° und gibt den 80.Tag, um 5 Uhr morgens, des Jahres 12318 v Null an. Dies ist der Tag der Tag- und Nachtgleiche 12433 v. Chr.
An diesem Tag wurde der Steg ausgerichtet.
Damit wird deutlich, dass der jetzige Schatten der Abendsonne zum Errichtungszeitpunkt (keinesfalls der Zeitpunkt der Errichtung des ersten Palastes an diesem Ort) der Schatten von der Morgensonne gebildet wurde.
Ostsonnenaufgang in unserem Sinne gibt es erst seit 10115 v. 0, dem Zeitpunkt der letzten Katastrophe von Atlantis und dem Zeitpunkt des verheerenden Santorini-Ausbruches.
Auch unsere Datierung ist an Leistungssteigerung, Ausbeutung (nicht nur des Menschen) und Machterhalt orientiert, nicht aber an der Wahrheit.

Spiridon Marinatos, der Archäologe, war davon überzeugt, dass Atlantis im Mittelmeer liegt. Damit ist er einer Meinung mit Heinrich Schliemann und Jaques Coustau. Doch während Marinatos die Meinung vertritt Santorini sei Atlantis, beharrte Schliemann mit Nachdruck darauf, dass Kreta Atlantis sei. Coustau zog enttäuscht von Kretas Gewässern ab, die er monatelang tiefenerforscht hatte. Er hätte Wissen sollen, das Atl = Anti eben Antiwasser, also Land bedeutet.
Marinatos hatte insofern recht, dass Atlantis kleiner war als Atlanti, da es nur die Darstellung des Modells von Atlanti ist. Weiterhin hatte er in sofern Recht, dass Santorini ein Zentrum des neuen Atlanti-Komplexes war.
Das Zentrum des Zentrums aber war Kreta.
Erst als 3328 v. Null der Weltstaat Atl-anti in zwei Teile geteilt wurde, wurde Santorini das kleine Zentrum Minouso der Nordhalbkugel. (Des Menschen Dynamik der Darstellung der Verbindung)

Die Nordwand des Palastes von Phaistos ist Abschnitt eines Kreises, dessen Mittelpunkt 430,48326 m südlich liegt. Dieser Mittelpunkt wird durch einen Lochstein markiert, der das Zeichen der Axt aus dem Diskus von Phaistos trägt. Es ist der Stein von Agios Joannis und bezieht somit das Dorf in den Palastbereich mit ein.
Joannis = Darstellung des Sohnes des Zentrums des Sichtbaren (und) sichtbaren Beginns.(der am Anfang war)

In minoischen Metern ist der Radius dieses Kreises r = 447,70259 = Wissen des Wissens der Erde, vollständiger Erde Realität des rationalen Prinzips.
Der Durchmesser diese Kreises (895,40518) bringt uns direkt in den Ort Agios Joannis und sagt aus: Verbindung des rationalen Prinzips des Menschen, vollständiges Wissen des Menschen vom Licht der Verbindung.
Die Verdopplung des Achsenwertes führt über die Treppenrampe des Laufstegs, mit 1790,8103 = Licht der Erde im vollständigen rationalen Prinzip der Verbindung (zum (Licht der 3, ins Herz der 3, eben nach Agia Triada, oder die heilige 3 oder ins hohe Bewusstsein.

Die Gesamtlänge der Nordwand steht mit 4,8° = 75 zu 360° = Erde des Menschen.
4,8 Tage sind 115,2 Stunden (von 360 Normaltagen) = Sein des Lichts des Menschenlebens.

Die Treppe verbreitet sich nach unten auf 4,87° = Wissen der Verbindung der Erde.
4,87° dividiert durch 4,8° = 1,0145833. Dies multipliziert mal 360 ergibt den den Wert des vollkommenen Sonnenjahres mit 365,24998!!
Allein diese Berechnung sollte Beweis für die Richtigkeit der bisher aufgeführten Erkenntnisse sein!
Da 1,014583 die Aussage beinhaltet : Licht des Lichts des Wissens der Menschen der Verbindung (zum) Bewusstsein, muss das Licht eine bedeutende Rolle spielen.
115,2 Stunden : 33,8 Stunden (der Sonnentag von 13 Sonnenpulsationen; ergo ist die Dauer einer Pulsation 2,6 Stunden) ergibt 3,408284 Sonnentage mit der umgesetzten Aussage: Bewusstsein und vollkommenes Wissen der Verbindung des Lebens (zur) Verbindung des Wissens.
115,2 multipliziert mit 1,014583 = 116,87999 :33,8 = Bewusstsein des Wissens der Erde der Menschen (im) rationalen Prinzip der Verbindung (und in) der Erde Verbindung. Somit ist die Aussage noch exakter.

Die verbreiterte Treppe führt mit der Westkante direkt in die Gipfelwand des Mavri Ida hinein.

Allein die Westpyramide, ab Gipfelplateau / Beginn des kleinen Kreises, ist 1,5 mal höher als die Pyramide des Cheops. Diese Pyramide ist etwa 226 m hoch gegenüber der Cheops-Pyramide mit 150 m. Dies entspricht somit einem Zahlenverhältnis von 5 zu 8.

Unter dem Ostgipfel befindet sich die bekannte Kamares - Höhle
Die Höhle Spileon Kamaron ist 32 m im Eingangsbereich hoch und steht damit zum Gipfelabstand wie 25 zu 1 = des Menschen Leben oder die Realität.

Geschichte zur Geschichte

Kouluras
Kornkreis, Paximadia und Schwarze Löcher

Wir nannten ihn den kleinen Muck. Er war klein und hieß mit Nachnahmen Klein, brachte uns Gleichaltrigen aber immer wieder in Verlegenheit, da sein Mut ihn uns überlegen machte. Wie ein Mäuslein zitternd, wenn es angebracht war, wurde er zum Löwen, wenn es notwendig wurde.
Es war zu einer Zeit als zerlumpte Kinder zerlumpten Lehrern in der Schule gegenüber saßen. Die Kinder hatten schon Erfahrungen gemacht, die spätere Erwachsene nicht mehr machen konnten und die Lehrer hatten Erfahrungen gemacht, die sie folgenden Generationen ersparen wollten.
Der kleine Muck und ich, wir konnten uns über Wasser halten. Richtig schwimmen konnten wir beide nicht. Baden gingen wir trotzdem.
Unser Geheimnis war eine heiße Quelle, der Einlass zu einem Kühlteich.
Eine tristere Stelle kann man sich kaum vorstellen. In einer zerbombten Großstadt, ein zerbombter Kühlturm auf einem zerbombten, ölig, rußig, rostigem Fabrikgelände, stacheldrahtumspannt, ein grünweißblauer Wasserwirbel.
Um ein metergroßes, stilles Wasserloch drehte sich das einströmende Heißwasser, um G-förmig fließend die Strömung zu verlieren. Dann verließ es, deutlich verlangsamt, das etwa zehn Meter tiefe Halbbecken, um sich im rechteckigem See abzukühlen.
Das untere G hatte einen Abstand von etwa 5 Metern. Die Wand schloss dort das Becken und ihre obere Kante war leicht greifbar. In der Strömung der gegenüberliegenden Abschlusswand konnte man stehen, weil auf ihrer gesamten Länge, etwa 80cm unter der Wasseroberfläche, ein Mauerabsatz vorsprang. Mit einem guten Abschwung von diesem Mauervorsprung war die Gegenmauer gut erreichbar.
Der Einlauf des Wassers, das Ende eines halbierten Großrohres, lag etwa einen Meter hoch von der Wasserfläche entfernt.
Dort wollte der kleine Muck in die Strömung springen, die ihn zu der Wand mit dem Absatz bringen musste. Als Löwe hatte er es so geplant, dort oben stehend. Als Mäuslein sprang er in das stille Loch, mir als Beobachter das Herz abschnürend.
Bis er da wieder rauskam packte ihn sicher die Unterströmung und er würde unter Wasser ins untere G getrieben. Solange konnte er die Luft nicht anhalten und der Wasserdruck würde den Willenlosen an den Unterwasserwänden entlang treiben. Wann ich ihn dort wieder sehen würde, war nicht länger Wert überlegt zu werden.
Noch bevor er die Wasseroberfläche erreichte sprang ich ab, den Sprung emotional berechnend. Ich erwischte den Standpfeiler des Halbrohres und sein Haar.

Es gelang mir ihn aus der Unterströmung zu ziehen und uns in die Oberströmung zu werfen. Noch heute spüre ich den Ölgeschmack des Wassers, bin jedoch 50 Jahre älter und in der Mitte des Mittelmeeres.
Immer noch ist dieser weiß-grün-blaue Mittelpunkt vorhanden: Rationaler Beginn des Zentrums!

Man kaufe ein kreisförmiges Brot, sozusagen einen Kornkreis. Es ist ganz einfach: gemahlenes Korn wird mit Salz und Wasser verknetet, zu einer gleichmäßigen Rolle geformt und an den Enden verbunden zu einem Kreis. Dann wird es im kreisförmigem Ofen gebacken und dem Kreis der Gäste angeboten. Schon ist ein Stück Lebenskultur konstruiert und die Möglichkeit gegeben das Verhältnis des Umfangs eines Kreises zu seinem Durchmesser zu erkennen.
Natürlich sind Kornkreise auch die, die ein sichtbehinderter Esel auf kreisrundem Dreschplatz in Sonnenauf- und Untergängen dreht.
Kornkreise sind auch die, die ein betrunkener Korntrinker seinem Schiff aufzwingt.
Zum Beispiel bei dem Paximadia – Schiff: Da ist das Heckruder 52 Grad zu Nord eingeschlagen. Das „ Schiff" bewegt sich in einem stabilem Kreis von 9600m Durchmesser.
Das ist 12 mal der Gipfelabstand des Mavri Idas.
Oder/und der Durchmesser entspricht 24 Rotationssekunden auf dem Breitengrad von 34560 km Länge. In dieser Zeit macht sich ein Schwarzes Loch 3216 Mill. Km weit bemerkbar.
Die Gravitationskonstante ist das uns fehlende Körnchen Wahrheit!
Errechenbar ist sie über minoisch 8 hoch 8 und ergibt 134217728, welches folgende Bedeutung hat: Sternenwissen des Lebens, Licht der Erde, der Erde vollkommene Verbindung!
Minoisch 6 hoch 6 ergibt 279936 welches der heutigen Lichtgeschwindigkeit von 300000 km pro Sek. entspricht.
Zu lesen ist dies: Vollständigkeit der Erde im Ratioprinzip als Ratioprinzip des Bewusstseins der Dynamik.

Mavri Ida – der heilige Berg

Wie kann man die Anlagen von Phaistos betrachten und erforschen, ohne den Zusammenhang von Palast und der Doppelpyramide des Berges Mavri Ida zu erkennen oder wenigstens zu erahnen?
Ist dieses Nichterkennwollen das Unfassbare der Leistung der Alten?
Aber auf einen modernen Menschen dürfte diese Leistung doch wohl nicht den Eindruck des Unmöglichen machen.
Denn zum Beispiel das Be- und Entwässerungssystem in Vietnam anzulegen mit all seinen Deichanlagen und Kanälen, hat hundertmal mehr menschliche Arbeitskraft gefordert als es die Arbeit, den Gipfelbereich des Mavri Ida zu formen erforderte.
Selbst die teilweise Zerstörung des Systems im Vietnamkrieg erforderte die Förderung des vielfachen an Grundmaterialien, die der Bau der Cheopspyramide verschlang.
Eine Tonne erzeugten Stahls allein erfordert hundert Tonnen bewegten Gesteins, tausende von Tonnen bewegten Wassers und wieder hunderte Tonnen geförderter Kohle.
100000 Tonnen Bomben allein regnete es in Vietnam.

Die Fassungslosigkeit vor menschlicher Leistung kann es somit nicht gewesen sein. Dann bleibt doch nur eine gewisse Oberflächigkeit oder die Angst vor einer Wahrheit, die viele der bisherigen Forschungsergebnisse in ihren oft „passgenauen“ Interpretationen ad acta legen lassen würde.
Die Entstehung dieses Doppelgipfels auf natürliche Art zu erklären ist nur dann einfach, wenn eben nur diese Erklärung gewünscht wird.

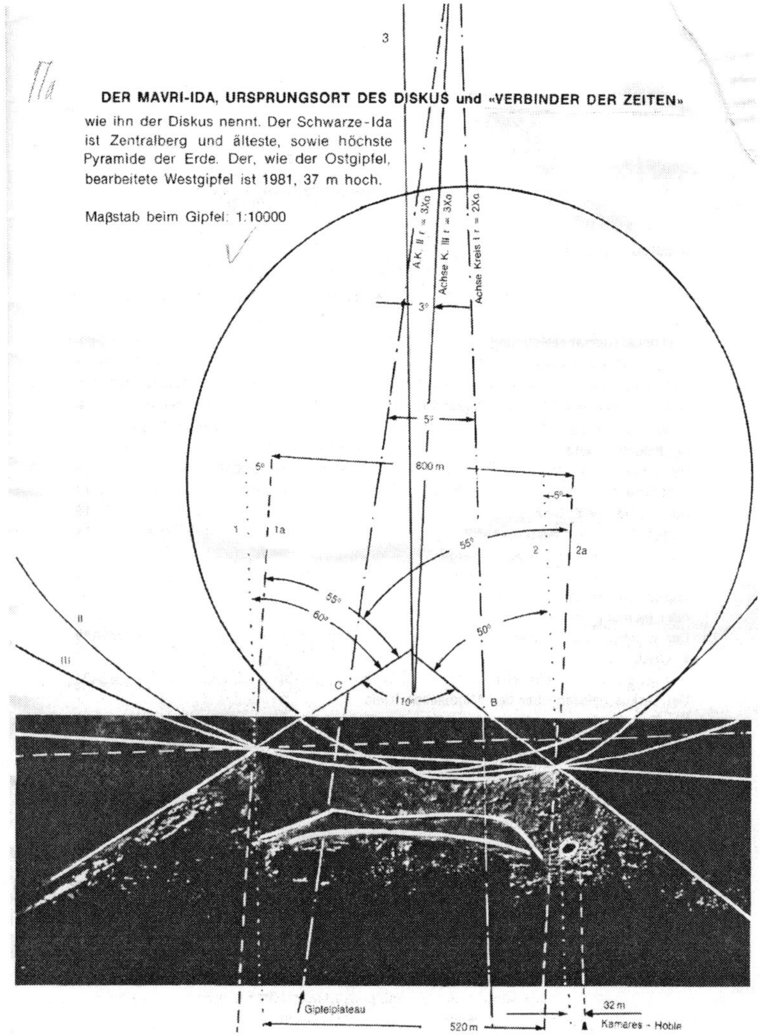

Betrachten wir zunächst nur die Höhle, die genau neben der Fall-Linie des Ostgipfels liegt. Sie bildet ein Oval von 32m Höhe und 56 m Breite.
Die Höhe beträgt genau 100stel der Basis einer Gipfel-Pyramide, denn Gipfelabstand = 2 = 800 m.
800:2 x 5 = 2000m Höhe einer Gipfel-Pyramide (Mittelwert).
800 : 2 x 8 = 3200 m : 32 m = 100.
3200 m = 3328 mino m = Bewusstsein des Bewusstseins des Lebens der Verbindung.

Diese 3328 sind gleichzeitig eine Zeitangabe, die einen wichtigen Wendepunkt bezeichnen.
Denn für die minoischen Atlanter begann das Zeitalter des Kindes.
27040 Jahre dividiert durch 3328 Jahre = 8,125 = Verbindung der Sonne des Menschen.
Die Sonne des Menschen ist das Kind, wie auf der Sonnentreppe von Phaistos nachzulesen ist!
Genau durch die Mitte der Höhle läuft der Schenkel des großen Gipfeldreiecks.
Was sollte eine natürliche Begründung für diese Tatsache sein?
Dieses Dreieck ist mit seiner Mittellinie um 2° gegen die Senkrechte verschoben, welche die Mittellinie des kleinen Dreiecks bildet.
Man beachte: obwohl es sich um ein ausgezeichnetes Photo handelt und die Aufnahmeposition bestens gewählt ist, ergeben sich Winkelverschiebungen.
Diese können aber nur gering sein und werden zu den Verhältnismaßen keine wesentlichen Verschiebungen ergeben.
Hier werden Impulse gegeben, die nachprüfbar sind und nur zu genaueren Ergebnissen führen können.
So ist bekannt, dass Luftaufnahmen der Bundeswehr vom Mavri Ida existieren, die jedoch nicht eingesehen werden können, ohne sich verdächtig zu machen.
Es gibt eine Generalstabskarte des Gipfelbereiches aus dem letzten Weltkrieg im Besitz eines Schäfers. Diese Karte verschwand jedoch, nachdem das Museum von Irakleio von deren Existenz unterrichtet wurde.
„ Meine Forschungsarbeit hier ist ein Tanz auf dem Seil und führt eher ins Gefängnis als zum Ergebnis!“ sagte bereits Fritz Schachermeyr in Wien.
Es ist in der Tat nicht möglich bestimmte Untersuchungen zu machen, die sich jedoch jeder Tourist erlauben kann, ohne generell die Gesamtarbeit zu gefährden.
Der Mavri Ida war im letzen Krieg ein wichtiges strategisches Gebiet—und ist es in den Köpfen der Militärs auch für den nächsten Ernstfall geblieben.
Dieses ist Grund genug, Forschungsarbeiten an ihm einzuschränken!

Der große Gipfelkreis ergibt sich aus 2 mal A. A ist die Sehne des Kreisabschnittes aus dem sich der Kreis ergibt. In diesem Fall der Gipfelabstand von 800 m.
Der kleine Kreis ergibt sich aus r = 3 mal A.
3 : 2 = 1,5 = Licht des Menschen.
2 –3 –5 = Leben des Bewusstseins des Menschen.
360° : 20° = 18 = 36 Dekaden durch 2. (siehe hierzu auch die Große Pyramide, Gang von der großen Galerie zur Kammer über der Königskammer.)
360° : 30° = 12 = 12 Monate (siehe hierzu auch Doppelaxt und Kalender)
Der große Kreis hat einen Durchmesser von 3140,7404 m gleich 3266,37 mino m, mit der Aussage: Bewusstsein der Wahrheit der Dynamik, Bewusstsein der Erde.
P ist minoisch der Weg.

Pi ist der Wegbeginn.
Pi = griech. = Ph findet sich als Anfangslaut im Wort Phaistos. Phaistos ist der Ort des Wegbeginns.
Einfach Pi hat den Wert 3,14 und etwas genauer 22/7.
3,14 = Bewusstsein des Lichts des Wissens.
22 – 7 = Vollkommenheit des Lebens der Erde.
22 : 7 = 3,1428571 = Bewusstsein des Lichts des Wissens des Lebens Verbindung des Menschen der Erde zum Sein.
Sollten die Alten zufällig (Mendelson/ Das Rätsel der Pyramide) oder bewusst auf Pi gestoßen sein, ist unerheblich.
Pi ist keinesfalls eine moderne Erfindung, sondern wurde unter anderem von Pythagoras wiederentdeckt.
Pythagoras aber bezieht sich (wie Platon auch) auf das Wissen der Alten und hebt hervor, dass Pi mit dem zweiten Zentralfeuer in Verbindung steht, wobei das erste Zentralfeuer die Sonne ist.
Noch nicht einmal dieses zweite Zentralfeuer zu lokalisieren gelang unserer stets emsig bemühten Wissenschaft und Pi blieb ihnen daher immer inhaltlich ein Rätsel und bot die Möglichkeit, sich nachplappernd eine staunende Menge zu erhalten.
Dem Verfasser dieser Zeilen blieb es vorbehalten, dass zweite Zentralfeuer wieder zu entdecken.
Dabei steht es deutlich sichtbar zur Nachtzeit über unser aller Köpfe als der Sonne gegenüberliegendes Sternbild.
Uko ist es, der Schwan ohne Schwanz.
Dieses Grundsymbol der Pyramiden und ihrer Dreiecksform ist das Zentralfeuer der Nacht (siehe Diskus von Phaistos, die gegenüberliegenden Mittelpunkte der beiden Seiten) gegenüber der Sonne, dem Zentralfeuer des Tages.

Vor wenigen Stunden ging das strahlende Dreieck als riesige Pyramide über dem Mavri Ida, der von diesem Standpunkt ca. 40 Km entfernt ist, unter. Erst „gestern“ erfuhren wir von diesem Zentralfeuer, dass es die stärkste kosmische Strahlungsquelle unserer „ Umgebung“ ist.
Laut der Aussage des Diskus von Phaistos kann diese Strahlenquelle durchaus künstlicher Natur sein. Um sich dieser Aussage zu nähern, wurde das Max Plank Institut und die Deutsche Astronomische Gesellschaft um Unterlagen gebeten.
In Richtung Cygnus befinden sich zwei Planetensysteme, die sowohl der Diskus, als auch das Stierrython sowie die Doppelaxt von Zakro beschreiben.
Diese Systeme werden Bosoro und Monogoropono genannt.
Bosoro hat 16 Planeten und Monogoropono derer 6. Beide Systeme sind ungefähr 31 Lichtjahre von uns entfernt.
Hierbei ist interessant zu wissen, dass wir bis heute kein einziges System außerhalb unseres Sonnensystems näher kennen.
Nach minoischer Aussage sollen von dem erdähnlichen Planeten Ponogo (die tönende Erde), dem 4. Planeten von Bosoro, Informationen von einer

künstlichen Station gesendet werden. Im Gegensatz dazu wird Monogoropono (durch ihre Materie selbst tönende Erde) mit seinen 2 Sonnen als natürliche Strahlenquelle benannt.
Die Bemühungen, nähere Informationen durch oben erwähnte Institute zu erlangen, blieben erfolglos. Statt dessen führten die genannten Institutionen einige Jahre später das Opernspektakel „ Das weiße Rauschen von Cygnus B" bei den Bruckner – Festspielen in Linz / Österreich auf.

Wir haben es ja nicht gewusst! Was aber, wenn wir doch wissen? Lebendes, weil angewandtes Wissen ist zum Beispiel der Mavri Ida, denn er ist lebenserhaltend!
Von seinen Gipfeln aus ist Paximadia als dass zu erkennen, was die Generalstabskarte der deutschen Wehrmacht schon 1941 erkannte: als ein Schiff und Haus mit Rudern.
Von seinen Gipfeln aus ist auch in den Morgen- und Abendstunden Basilea, die Hauptstadt des Minoisch-Atlantischen zu sehen. Und zwar dort, wo mittelalterliche und auch römische Karten das Labyrinth zeigen, nämlich bei Mitropolis, der Stadt der Mitte.
Vom Gebirge, welches wie ein „Schildbuckel" in der Mitte der Insel liegt (Platon) sind die drei gewaltigen Ringe zu erkennen, die 50 Km vom Meer entfernt in der Mesara liegen, getrennt durch die Berge der Sterne (Asterussia-Berge) vom lybischen Meer.
Was bleibt von den Palästen, wenn Orientierung nach Farben, Himmelsrichtung und geometrischen Wegweisern möglich ist?
Jede heutige Einheitssiedlung und jeder Campingplatz ist mehr ein Labyrinth als selbst das verwinkelte Knossos.
Die Doppelaxt heißt nicht Labris, sondern Di(o)plusspeleka = Seele der Zwei für Weg und Richtung der Wahrheit.
Die Pelasker (u.a. laut Homer) Inselbewohner, die Odysseus auf ihrem Schiff mit zwanzig Rudern nach Attika brachten und deren Schiff Poseidon versteinern ließ, waren die Axtleute und damit die alten Kreter. Dieses Schiff liegt noch immer versteinert an einem Berghang in den Asteroussiabergen, wie man sich überzeugen kann, auf den Weg hinauf nach Kapetaniana.

In der Mitte zwischen den beiden Gipfeln des Mavri Ida fand ich den Stierkopf der Stiersäule, die auch die des von Platon beschriebenen atlantischen Heiligtums gleichen könnte . Dieser Kopf wird dort oben solange bleiben, bis andere ihn finden. Wollen Sie ihn sehen, dann gehen sie hinauf. Sie können auch auf der Rückseite des Mavri Ida die Gebäude des Zentrums des Zentrums unter dem Boden erkennen.

Das untere Bild auf Seite 125 zeigt das Schiff von Paximadia.
Hier hätte das Segel von mir eingezeichnet werden können, um den Ausdruck Schiff noch zu verstärken, und damit die Seitenansicht deutlicher wird. Die Bewegung des Schiffs ist selbstverständlich in Bugrichtung.
Paximadia in tatsächlicher Form und Konstellation zeigt aus der Vogelperspektive Linien zu beiden Seiten, die als Ruder zu deuten sind (10 auf jeder Seite).
Im Diskus ist das Symbol Ruder ebenfalls eingezogen und steht für Kraft und Dynamik. Wie im Diskus enthalten die Ruder die Aufforderung selbst dynamisch zu sein und die Ruder nach außen zu bringen, das heißt sie zu verlängern (um eine bestimmte Entfernung).
Da zum Beispiel das Schiff Kreta darstellt und das Haus Tahiti ist der halbe Erdumfang im Verhältnis zur Gesamtlänge der Insel informativ.(siehe auch Diskus: Ruderachse zu Ruderachse = 88° = Verbindung der Verbindung).
Die Verbindung zwischen Kreta und Tahiti ist in Ostrichtung 88, wenn sie in Westrichtung 92 ist.
20 000 000 m : 3351m = 5968,3676 = Des Menschen rationales Prinzip der Dynamik der Verbindung im Bewusstsein der Dynamik und der Erddynamik.
Wie beim Diskus auch, ist Dynamik aber auch ein Begriff für Zeit.
88° = 6609 Jahre vor Null und somit 1208 Jahre vor Diskus und dem Beginn der Luftfahrt in minoisch-atlantischer Zeit. (siehe hierzu auch den "Startrampenberg in Nazca und den „Priester“ von Palenque/Mexiko)
So sind die 20 Ruder = 20 Sonnen oder 2 UKO = 540000 Jahre.
Das Bild zeigt das Profil Paximadias von Komo aus. Komos stellt mit seiner Ortsbezeichnung auch den minoischen Kreis dar. Darum sind die Orte in der Reihenfolge des minoischen Farbalphabets nach Farben benannt und gehen von Prassonissi = grüne Insel über Aspros Wolakas = weiße Erhebung , Kokkinos Pirgos = roter Turm, Mavro Lakos = schwarzes Loch zu Kap Lithinon = steinernes Kap und Insel Lithoe = Verbindungsstein = Kult(u)stein = Gold.
So ergibt sich eine wichtige Verbindungslinie dort, wo das Dreieck des Schiffes genau in der Mitte des Kreises Haus steht. Genau dieser Linie nach Nordosten folgend findet sich ein auffälliger Tafelberg. Dieser Berg trägt einen Lochstein. Dieser Lochstein trägt zwei große Löcher in der Form eines spitzen Dreiecks und eines Kreises (Schnitt durch die Löcher).
Der Stein teilt die Richtung von Paximadia in die zwei Richtungen nach Phaistos und nach Agia Triada.
Entdeckt wurde dieser Stein durch meinen Freund Werner Schmidt, der sich folgerrichtig sagte:“ Wenn Fritz Recht hat mit seiner Arbeit, dann muss ich von Komo aus nach Osten gehen um den Golf herumgehen und darauf achten, wenn das Dreieck genau über der Kreismitte steht (siehe Kartusche des Cheops).
Es muss sich dann eine Linie ergeben, die mich in der Verlängerung zu einem markanten Punkt führen muss.

Groß war seine Überraschung, denn in einem Hügel, der ihm die Sicht auf Paximadia nahm, war ein Dreieck derart eingearbeitet, dass Paximadia wie über dem Berg schwebend erschien (Horizontverschiebung).
Damit gab in V-Form der Pyramide und die umgekehrte V-Form der Hügelausarbeitung zwei absolut genaue Peilpunkte. Nun brauchte er nur noch in der vorgegebenen Richtung nach einem bearbeiteten Berg Ausschau halten und hingehen.

Der Stierkopf auf dem Mavri Ida ist Rest einer großen Skulptur aus Stalaktit. Er wurde nicht weit von seinem ursprünglichen Standort entfernt gefunden. Alles deutet darauf hin, dass er mutwillig zerschlagen wurde. Wahrscheinlich ist auch, dass er zu dem Zeitpunkt schon zerstört war, als versucht wurde den Westgipfel der Doppelpyramide des schwarzen Ida zu sprengen.
Diese Sprengung schuf einen gewaltigen Trichter von mehr als 30 m Tiefe, etwa 50 m unterhalb des Gipfels, auf der Rückseite der Anlage. Die Sprengung war so stark, dass die Westpyramide heute bis auf etwa 60 bis 70 m herab aus geborstenem Festgestein besteht. Diese Sprengung muss unter großer Hitzeentwicklung vor sich gegangen sein, da sich Verglasungsspuren am Trichtergestein finden und Schmelzreste von Eisen /Stahl.
Wie bei der Santorini - Katastrophe fehlen jede Art von Überlieferungen und Hinweise (neuerer Art) auf dieses Ereignis.
War die Santorini - Katastrophe die Ursache des Untergangs der minoischen Kultur um 1500 v. Chr. auf Kreta, so können wir uns eine Sprengung mit derartigen Auswirkungen bestenfalls seit der Entdeckung des Dynamits vorstellen.
Genauer betrachtet wäre somit die einzige Möglichkeit die Sprengung in die Zeit des zweiten Weltkrieges zu legen, als Briten und Deutsche ihre Stützpunkte auf Kreta einnahmen.
Immerhin wurden über 450 000 Tonnen Dolomit auseinandergerissen. Dennoch veränderte sich die Form des Gipfels nicht wesentlich. Aber sämtliche Bauten auf der Rückseite (Kolita) der Doppelpyramide stürzten ein.
Da selbst in der Kamareshöhle, die ca. 300 m tiefer liegt, noch riesige Steinquader aus der Decke gerissen wurden, dürfte auch ein großer Teil der Bauten auf dem Plateau unter dem Gipfel (Beginn des kleinen Kreises) der Sprengung zum Opfer gefallen sein.
Die Explosion der zwei von Libyen im Frühjahr 86 abgeschossenen Raketen waren auf Kreta zu hören.
Die Explosion auf dem Mavri Ida muss den Bewohnern der Mesara und der Leute von Phaistos die Trommelfelle zerrissen haben, zumal man von der sogenannten Kanzel in der Mitte zwischen den beiden Gipfeln bei Windstille bis zum 18 km entfernten Phaistos sprechen kann. Dies ist dort tatsächlich deutlich zu vernehmen.

Die Explosion bei der Sprengung des Eingangs zum Labyrinthos, einem Höhlensystem in Mittelkreta, welches die Deutschen als Magazin im Kriege benutzten, hörten viele Kreter.
Die Atombombengleiche Sprengung am Mavri Ida aber kennt kein Kreter. Auch die damaligen Widerstandskämpfer, unter anderem die Frau eines der Entführer des General Kreibers, nicht.
Kreiber war damals Inselkommandant und wurde einige Tage am Mavri Ida versteckt gehalten, da seine Entführer aus diesem Gebiet heraus operierten.
Auch wahrend der Besetzung durch die Türken kann diese Sprengung nicht stattgefunden haben. Mit dem Kloster Arkadi flogen 100te von Pulverfässern in die Luft und nicht nur deshalb ist diese Explosion noch heute bekannt.
Auf dem Mavri Ida hätten Schiffsladungen von Schwarzpulver gezündet werden müssen um die vorbeschrieben Wirkung zu erzielen. Ein Trichter von 30m Durchmesser wäre dabei jedoch noch immer nicht entstanden und der Kopf der Westpyramide hätte wie ein Käse durchlöchert werden müssen. Die Löcher dieser Bohrungen müssten erkennbar sein, da das Gestein noch immer in seiner ursprünglichen Schichtung liegt. Es wurde „ nur“ auseinandergerissen und gegeneinander verschoben.
Ein Erdbeben als Zerstörungsursache scheidet aus, denn es hätte den Trichter nicht schaffen können. Außerdem hätte es dann den Ostgipfel genauso treffen müssen.
Bleibt noch ein Meteoriteneinschlag. Die Verglasungsspuren und auch die Eisenspuren passen hier in das Muster. Nur müssten die Ausschmelzungsspuren im Dolomit deutlicher sein und die Sprengwirkung weniger betont.
Wahrscheinlich wäre dann auch der Stierkopf geborgen worden und die Bauten wieder in Stand gesetzt worden.
Wenn die Alten das Planetensystem und das Universum besser kannten als wir und die Sonnenpulsation als Atomuhr benutzten, dürften sie auch gewusst haben, dass Meteoriten weder ein Fluch Gottes sind, noch sich Ihre Einschläge an gleichen Orten wiederholen.
Die Sprengung und eine Ächtung des Ortes müssen demnach gleichzeitig geschehen sein.
Was religiöse Zerstörungswut zum Beispiel anrichten kann, zeigt sich leider auch an den Lochsteinen als Geschichtswerk und Orte der ältesten Geschichtsschreibung. Um 700 n.Chr. kam es zu einem regelrechten Vernichtungssturm auf diese Anlagen. Im Konzil von Toledo wurden die Bischöfe aufgefordert die Lochsteine zu vernichten. Dies geschah, nachdem es bereits 4 Konzile und Synoden über die Lochsteine gegeben hatte. Das Erste fand im 2.Jahrhundert der neuen Zeitrechnung statt. Noch heute setzt sich dieses Vernichtungswerk fort, wenngleich nun mehr aus reiner Dummheit.
Die Sprengung des Pyramidengipfels dürfte nach 3328 v. Chr. stattgefunden haben. Wahrscheinlich in der Zeit von 2700 v. 0, als Kukulcan von Südamerika aus den Krieg um die Weltherrschaft führte.

Dies ist der eigentliche Krieg von Tria/Troja, den Homer in seine Zeit verlegte. Zu der Zeit dieses Krieges wurden die Deutschen noch Sakasa genannt, „ die tief in der Seele sind“ (Sachsen). Sie kämpften mit den Minoern gegen die Invasion und verloren.
Von diesem Zeitpunkt an hatten die patriarchischen -separatistischen Systeme die Vorherrschaft und haben es heute noch.
Der Stierkopf zeigt einen Winkel von ca. 150°. Somit dürfte er aus der Zeit 11341 v.0 sein, der Zeit des Weltzusamenschlusses. Hier wird das Angriffsziel der Separatisten sichtbar. Hier wird aber auch sichtbar, dass es Gegenkräfte gibt, die auf die Dauer nicht unterdrückbar sind. 5000 Jahre Separatistengeschichte brachten der Menschheit zwar Ströme von Blut, aber es ist dennoch nur ein Meteoritenschlag in der Geschichte der Erde des Menschen.

Der Diskus nennt den Mavri Ida „Verbinder der Zeiten“.
Der Schwarze (mavri = Schwarz/dunkel) Ida ist Zentralberg und älteste, höchste Pyramide der Erde. Der, wie der Ostgipfel, bearbeitete Westgipfel ist 1981,37 m hoch.

Geschichte zur Geschichte

Paximadia, die Insel vor der Mündung des Doppelflusses

Emily war eine texanische Prärieblume, deren Wurzeln mit Mustangblut getränkt waren. Infolgedessen war ihre Abneigung Eseln gegenüber abgrundtief. So sollte denn auch zur Verlobung mit mir ein texanischer Rappe eingeflogen werden.
Dabei hätte sie selber mich schon einmal fast in Grund und Boden gestampft.
In Pitsidia wartete ein Telegramm auf sie und sie beschloss mit dem Esel dorthin zu reiten.
Emma, die Eselin, erwiderte die „Zuneigung" zumindest im gleichen Maße. Als Emily sich freihändig, wie von mir abgeguckt, in den kretischen Sattel schwingen wollte, trat Emma leicht tänzelnd (und grinsend?) zur Seite. Emmy saß zu Emmas Hufen!
Die eiskalte Texanerin führte diesen Vorfall auf die bodenlose Dummheit des Tieres zurück, und sprang katzen- beziehungsweise pumagleich ein zweites Mal. Emma gewann ein zweites Mal (noch stärker grinsend?) und die friedliche Landschaft zog sich verängstigt unter dem wutentbrannten und entrüsteten Aufschrei der Prärieblume zusammen.
Es mag sein, dass damals die Funde aus dem Boden gepresst wurden, (durch den mächtigen Aufprall, nicht durch den Aufschrei), die dann die Archäologen dazu brachten ihre Ausgrabungen in Komo zu beginnen.
Ich jedenfalls konnte nur mit Mühe verhindern, dass Emma auf hochgereckten Armen ins Meer getragen wurden um dem Poseidon geopfert zu werden.

Jetzt schlief die Prärieblume friedlich. Adonis, die stets frische rote Nelke hinter dem rechten Ohr, schlief auch, dies jedoch hinter dem Steuer seines Fischerbootes. Wir hatten die Nacht tanzend durchtobt und beide hatten sich eine Mütze Schlaf verdient.
Allerdings berechnete ich schon den Zeitpunkt, an welchen ich ans Steuer springen müsste, um unser Zerschellen an den Klippen von Paximadia zu verhindern.
Dies war aber unnötig, denn Adonis bewegte ruhig den Steuerarm, ohne auch nur einen Moment zur Insel zu sehen. Er reagierte einfach auf den veränderten Wellenschlag in Inselnähe. Das Vielinsel-Volk, von uns Polynesier genannt, kannte sogar Seekarten, die Navigationsanweisungen nach diesem Muster gaben. Die Veränderte Strömung wurde darauf festgehalten, wenn die anzusteuernde Insel noch außer Sichtweite war.

Wir hatten für etwa eine Woche Proviant zur Verfügung und für zehn Tage Wasser. Dies stellte ich fest, als ich zur Hauptinsel, Lithoe genannt, zurückkehrte.

Der Tag war höchstens ein halber Erfolg gewesen. Statt der vermuteten 160 m hatte ich fast einen Kilometer schwimmen müssen, bis ich mühsam an Land der anderen der zwei Inseln gelangte. Dabei war das Meer spiegelglatt. Die Schwimmstrecke hatte ausgereicht meinen weißen Hintern so zu rösten, das jedes Kleidungsstück auf besagtem Körperteil die Blasen aufscheuerte. Kopfschmerzen bereitete mir diese Feststellung keine, aber den Rückweg machte ich in Hemd und Hose, was bei stärker werdendem Gegenwind nicht gerade beschleunigend wirkte.
Morgen würde ich zu den Zisternen hinaufsteigen, für heute war der Nachweis der auf der Karte vermerkten, rhythmischen Felsausarbeitungen genug.
Der Morgen rückte in weite Ferne, nachdem ich das köstliche Abendbrot verzehrt hatte. Die Prärierose hatte eine irische Nationalspeise bereitet zu der noch texanische Notwendigkeiten gruppiert waren. Sie selber war zu abendlichem Ausgang gewandet und hatte auch das Kerzenlicht auf dem Felsentisch nicht vergessen. Ich verfiel in bewundernden Taumel.
Jedoch sollte ich noch ganz woanders hin fallen, als ich zum Nahrungsdepot ging, um Zigaretten zu holen.
Die Hälfte der Lebensmittel und der halbe Wasservorrat war aufgebraucht. Und ich sah den Rest des Mahles, eine gute Tagesration für uns beide, ehe ich es verhindern konnte, dem Meere übergeben. Prärierose ließ es sich nicht nehmen auch die Fische zu beköstigen, beziehungsweise Poseidon für entgangenes Eselfleisch zu besänftigen.
Meine entgeisterten Vorwürfe konterte sie mit dem Hinweis auf drei Flugzeugträger, die in großer Entfernung um die beiden Inseln herumstanden.
„ Glaubst du, unsere Jungs lassen uns hier sitzen?“ Sie funkelte mich an. „ Jeder dieser Flugzeugträger ist so groß wie diese beiden verdammten Inseln zusammen!“
Der Wind drehte steif auf Nord. Selbst Angeln machte Mühe. Gott sei dank konnte ich ein paar Kaninchen erwischen. Adonis konnte nicht aus dem Hafen. Die Jungs hatten bei diesem Sturm ihre eigenen Sorgen. Nachts hielt ich die Ratten von den kümmerlichen Wasserresten fern.
Adonis kam am siebten Tag und der Rappe blieb in Texas.

Paximadia

Striche, Linien, Kreise und Dreiecke

K = Plan, Ko = Verbindung (des Plans), M = Ratio/Kopfbezogenheit, Mo = Energie, S = Darstellung (wie die Dinge sind gegenüber dem Plan = wie die Dinge sein sollten).
Dann ist Komos = Darstellung der Verbindung der Energie.
Energie verbindet sich immer gradlinig. (abgesehen von der nicht bewiesenen Krümmung des Kosmos = Darstellung der Verbindung der Darstellung der Energie, in welchem sich sogar zwei Parallelen in der Unendlichkeit treffen und damit zu berechenbaren, langgezogenen Schenkeln eines Dreiecks werden.
Komos ist noch heute die Bezeichnung für den Strand von Pitsidia bei Matala, wohin das Paximadia-Schiff „fährt".
Es ist auch die alte Bezeichnung für den Hafenort, der gerade in direkter Nähe des Strandes dort ausgegraben wird.

R = Emotio (wörtlich übersetzt bedeutet dies. Verbindung der Wahrheit der Energie (zu) tätigem Beginn = Grundlage der Ratio/Kopfbezogenheit !).
Ro = Materie, als Verbindung der Emotio, Ko = Verbindung und S = Darstellung.
Somit Koros = Darstellung der Verbindung der Materie = Krumm, denn Materie verbindet sich nicht geradlinig. Darum ist Koros noch heute im griechischen der Tanz.
Diese zwei Wörter ergeben sich , wenn diese Positionen gegeben sind = s m k und s r k (siehe minoischer Kreis)
Am Anfang der minoischen Schule steht der Hinweis auf gerade und krumm, also auf die Linie und ihre Formen.
Im Blick aus der Vogelperspektive aus Paximadia, der beiden Inseln im Golf von Mesara sind alle Grundformen vertreten. Das Schiff zeigt sowohl die Draufsicht, wie auch die Seitenansicht. Bei Seitenansicht gibt es logischerweise oben und unten. Das Deck als oben und gerade Linie wird zuerst gesehen. Dort findet sich die Reihung von 10 Strichen, groß beginnend und ins kleinere übergehend. Die Folge ist dreimal Groß – Klein, und dann scheint eine andere Gruppe zu beginnen. Zählt man also 3 mal 1-2 erhält man die Aussage: Bewusstsein ist Sein (Groß) und Leben (Klein).
Die andere Reihung ist: Groß – Klein – Klein – Groß = Sein – Leben –Leben – Sein. Somit Wissen ist Sein des Lebens des Seins. Dies ist die Lehre, denn Licht/Lehre ist 10.
Unten, nun entgegengesetzt, ist zu lesen : 2 – 4 – 4 = Leben des Wissens des Wissens. Die Steigerung des Wissens ist die Verbindung in 8. Somit 2 – 4 – 8 – 10. (denn es sind insgesamt 10) = Leben des Wissens der Verbindung ist Licht. Lichtträger ist die Sonne und diese hieß bei den Alten Ra. (Zentrum der Emotionalität). Darum wurde auch der Mensch Ra genannt, denn auch er könnte ein Lichtträger sein. Darum wurde der Mensch als Ra zu Gott, da er so selten in dieser Form auftritt.
Darum befinden wir uns mit Paximadia im Golf von Mesara, in der Sonne, damit den Menschen, die die Sonne ihrer Umgebung sein wollen, Hilfestellung gegeben wird.

Matala ist der Ort, auf den die Grundlinie des Hauses in westliche Richtung zeigt.
Haus heißt im minoischen Matalon = Sichtbares unseres Tuns nach oben.
Matalo heißt darum Bau/Bauwerk. Matala ist: Unser Tun nach unten, zu A, dem Erdzentrum. Dies kann sich auf die Höhlenbauten beziehen, auf die häufigen, monumentalen Zisternenbauten oder aber auf die Bauten, die vor Matala und Komos im Meer liegen.
Sicher aber ist es auch Hinweis auf die südliche Lage.
Süden ist im minoischen mütterlich, erdbezogen, stabilitätsbezogen.
Norden ist im minoischen väterlich, lichtbezogen, bewegungsbezogen.
Darum Ma = Wir des Wir = Wir und Pa = Weg (Papa = Weg des Wegs).

„Na paximinis = Hast du einen Standpunkt – ist dir etwas begreiflich ?“ ist eine Frage, die nur in der Umgebung von Paximadia verstanden wird. Die Frage hat mütterlichen Bezug (Stabilität).
Die kretischen Familiennamen enden in der Regel auf – akis = Darstellung des Zentrums der Bewegung. Sie sind vaterbezeichnend und vaterbezogen.
(Bewegung).

Teil des Geierheiligtums von Katal Hüjyk/Türkei

Hier sind die Zahlenverhältnisse 2 zu 5 zu 8 und 7 plus 13 gleich 20 deutlich dargestellt.

Skara heißt der Geier noch heute auf Kreta. Minoisch zu übersetzen ist Skara mit der Bedeutung: Darstellung des Plans des Zentrums der Sonne.
Das Zentrum der Sonne ist ihr Gravitationsmittelpunkt, also der an sich reißende Teil.
Der Geier wird auch dem Adler gleichgesetzt, denn seine Flugkünste sind denen eines Adlers ebenbürtig.
Auf der rechten Seite ist der Geier vergrößert abgebildet. Seine Nackenfedern sind betont. Es sind vier, und vier ist das Wissen und dem Kopf zugeordnet.
Im Kropf des Geiers findet sich die Hand mit fünf Fingern, die im Magen des Geiers in ihre sechs Teile zerlegt sind: 4 –5 –6 = Wissen des Menschen der Dynamik. (Fünf Finger und Handfläche) 4+ 5 + 6 = 15 = Licht des Menschen.
Dies ist auch eine mathematische Reihung und findet sich auf den drei Bildteilen A-C.
Die Geier in A haben drei Nackenfedern, B zeigt 4 und c stellt 5 auf. 3 – 4 – 5 = Bewusstsein und Wissen des Menschen ist 12, die Sonne.
Kopf und Hände des Menschen in Wissen und Zeit sind zu den Geiern gegangen.
Kopflos, für das Nichterkennen, und handlos für zeitlos findet sich auch im Diskus und in der Nacza-Ebene.
Wenn die Beine des Geiervolkes zu kurz kommen, dann liegt dies an der Überbetonung der Schwingen. Denn diese sind die Hände.

S
158°
1234
K
R
1,50 m
(1,56)

Vergleichskalender „Protokoll von Tenochtitlan" ebenfalls Mexiko „Gründungsprotokoll der Hauptstadt Mexikos in aztekischer Zeit"! ???

Was macht das Zeichen ⊙ = Erde aus dem Diskus von Phaistos/Kreta im Protokoll von Mexiko? Es zeigt die 1. Woche des Jahres mit der Wintersonnwende! Darum zeigt sich über der 26. Woche das Bild mit dem Schildträger der Farbe Gelb = 5, denn die 26. Woche zeigt die Sommersonnwende!

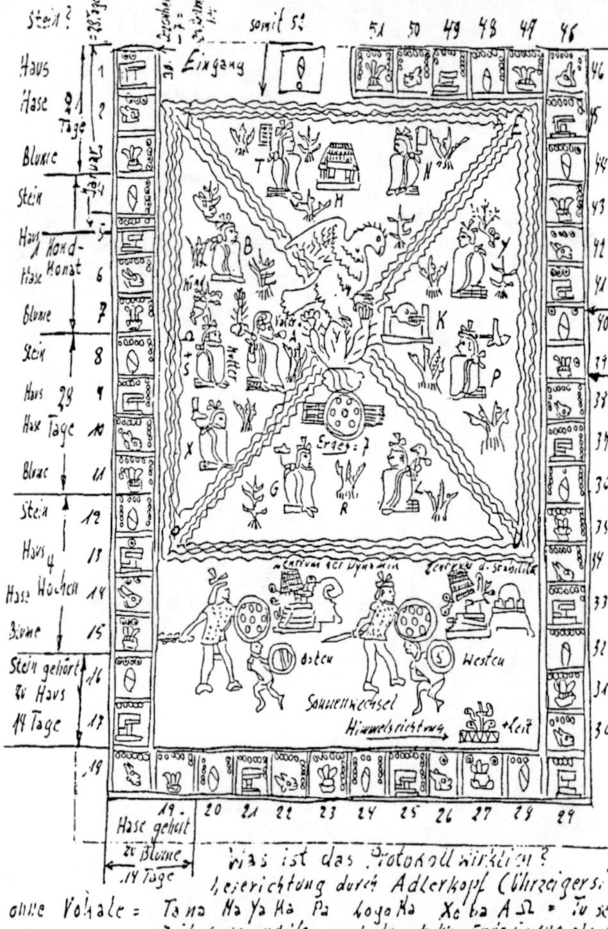

Wenn 1. Januar = Jahresbeginn, dann 30. Dezember (= Tag zwischen den Jahren) − 7 = 23. Dezember = Wintersonnwende (s. Doppelzeit)

vergleiche die ⊙⊙ = 2 bei 1, 14 und 27

vergleich die ⊙ = 1 bei 13, 26 und im Zentrum!?

Verändern sich die Kreischenpositionen aus „dekorativen" Gründen?
NEIN!
Sie verändern sich aus informativen Gründen!

1 + 2 = 3 + 3 = 6 + 4 = 10 + 5 = 15 + 6 = 21 + 7 = 28 + 8 = 36 + 9 = 45 + 10 = 55 + 11 = 66 + 12 = 78 + 13 = 91 × 4 = 364 + Zentrumstag = 365 Tage eines Jahres.

Was ist das Protokoll wirklich?
Leserichtung durch Adlerkopf (Uhrzeigersinn) ab T-Position
ohne Vokale = Ta na Ma Ya Ma Pa Logo Ma Xo ba A Ω = Tu sehen das hier der Zeit Seele und Weg und der Achse Erde Sonne als Leitungsbasis von A–Ω. Love: Ich bin die Dynamik der Wahrheit!

Auswertung des Protokolls von Tenochtitlan.

Das Protokoll hat einen Eingang wie der Diskus oder die Kartuschen.
Das Bild zeigt im Eingang die dreiwertige Pflanze wie im Diskus oder die fünfwertige Pflanze im offenen Bild der Kartuschen.
Es folgt der Mensch mit beschriebener Fahne.
Im Diskus ist sprechen - sehen = gesprochenes sichtbar gemacht =geschrieben.
Der Diskus ist in das spiralförmige Innere und den Außenring geteilt. Ebenso ist das Protokoll geteilt.
Die Diagonale leitet ins Zentrum und dort findet sich die Kakteenblüte. Unter dem Kaktus und dem Stein (Patl) befindet sich das gleiche Zeichen für Erde wie im Diskus.
Auf der Erde der Stein und auf dem Stein der Kaktus, dem der Adler folgt = Sein, Leben, Bewusstsein und Wissen.
Auf der Erde liegt der Stein. Ohne Stein gibt es kein Leben und ohne Pflanzen keine Tiere.
Die Nackenhaare des Adlers (siehe Geier) sind informativ gereiht = 1 – 2 - 3 =Sein, Bewusstsein und Wissen der Verbindung.
Die kleine Achse der Pyramidengrundlage ist nicht gleich der Großen (siehe Diskus), sondern sie stehen zueinander im Verhältnis 1 zu 1,1594202 = Sein des Lichts des Menschen im rationalen Prinzip des Wissens und der Vollständigkeit des Lebens.

Die Reihung von 1 bis 13 ergibt 91 Tage (siehe Treppen des Palastes von Phaistos).
4 x 91 = 364 Tage plus dem Zentrumstag = 365 Tage des Jahres (siehe Doppelaxt von Kato Zakro).
Die 52 Felder stehen somit für die Wochen von 7 Tagen, denn die 91 Tage sind die 13 Wochen des Mondkalenders.
Die 52 steht aber auch für die 52 Jahre einer Sonne, denn 52 x 520 ergeben die 27040 Jahre des minoischen Präzessionslaufes.
Neben den sieben Kreisen des Zeichens Erde der Menschen finden sich 4 Kreise des Wissens.
Bedeutung: 7: 4 = 1,75 = Sein der Erde der Menschen. Oder: Wissen ist Licht der Erde der Menschen.
Unten ist die schraffierte Sonne zu erkennen. (siehe Kartuschen) = Zeit der Sonne.
Zu lesen: am 1.Januar und 2.Juli des Jahres 10.515 v. 0 ging die Sonne 7 Stunden vor Normal im Zentrum auf. Der Sonnenaufgang wechselte von der Darstellungs- zu Planseite. Das Zentrum der Berge und das Zentrum des Wassers wurden zerstört. Die Antarktis und die Verbindung versank.

Zu beachten ist auch die Anordnung der Kreise im Außenkranz der 51 Felder. Das 52.Feld ist das Mittelfeld.

Die Kreislesung der ersten 13 = Leben und Bewusstsein und Wissen des Menschen. Dynamik der Erde und Verbindung des rationalen Prinzips. Von Tag und Nacht und von Sonne und Sternen. Ebenfalls zu beachten ist die Konstellation Atenuch (Mann mit Sprechblase), der die Zentralkonstellation wiederholt und seine Frau hinter ihm mit dem Kind. (siehe Kulttreppe von Phaistos).

Unter Beibehaltung dieses Zyklus würde somit die nächste Katastrophe im Jahre 3005 v 0 zu erwarten sein. (3125 n. Ch.)

Geschichte zur Geschichte

Meridianus

Kouluras fuhr mich zu einem seiner Olivenhaine. Dort beluden wir den LKW mit gebündelten Olivenzweigen, denn wir hatten kein Brennholz mehr. Der Wagen war hoch beladen und ich überspannte die Bündel mit Seilen.
Kouluras, der Fahrer schlich durch den Hain und ließ sich plötzlich fallen. Als er sich wieder aufrichtete hielt er ein Huhn am Halse.
„Kannst Du Dir keine Henne kaufen?“ hatte ich vorwurfsvoll gefragt.
„ Nie wirst Du Kreta verstehen!“ war seine Antwort. „Zum Mittagessen besucht mich der Polizeipräsident. Und der wird dieses geklaute Huhn essen!“
Dies ist nur die eine Seite des Tierdiebstahls. Die andere ist die, jemanden Ehre erweisen zu wollen. Ihm ein eigenes Tier zu schlachten wäre zu einfach. Klaut man’s beim Nachbarn, wachsen die Schwierigkeiten. Klaut man’s gar einem Widersacher, hat man zwei Fliegen mit einer Klappe geschlagen.
Zur Hochzeit seiner Tochter das Fleisch „einzusammeln“ ist daher nicht so selten auf Kreta.
Vor diesem Hintergrund machen einige Geschäfte, indem sie sogar ganze Herden einem Ortswechsel unterziehen.
Auf diese Form der Arbeitsteilung jedoch reagiert man böse. Sie ist nicht traditionell verankert und nur schwer auszugleichen.
Anlässlich einer Wahlveranstaltung in Charakas wurde nach Maßnahmen gegen den Herdendiebstahl gefragt. Am Mikrophon machte ich darauf aufmerksam, das wir alle Diebe sein. Damit meinte ich, dass die Dörfer sich einander das Wasser entwendeten und so jeder jedem die Lebensflüssigkeit wegnahm, da bei steigendem Wasserverbrauch weniger Reserven vorhanden wären.
Mein Vorschlag war, kleine, gemeindeeigene Teiche anzulegen und Winterbäche zu stauen. Jeder solle dazu einige Stunden seiner Zeit für die Gemeinde opfern. Durch diese Teiche fließe weniger Wasser ungenutzt ins Meer und der Grundwasserspiegel würde wieder steigen.
Nach dem üblichen Geschrei empörter“ Diebe“ machte man mir klar, dass der Staat zwar Pumpenkauf begünstige, Steine schleppen aber nicht.
„Wir haben genug Wasser im Boden, denn Nil und Po führen uns das Wasser zu. Dies ist seit alter Zeit bekannt!“
Die Alten nickten bestätigend, als Michaelis dies behauptete.
Ich lachte sie aus.
Michaelis hatte uns an einen Tisch bugsiert, an dem sonst in großer Runde Karten gespielt wurde. Darum war der Tisch mit grünem Tuch bespannt. Hier beriet man im Kafenion auch kleinere Rechtsfälle.
„Kinder seit ihr, obwohl ihr zusammen 600 Jahre an den Tisch bringt!“
Sie ließen sich nicht aus der Ruhe bringen und sahen mich abwartend an.
„Wie soll das Wasser des Nil und das des Po in die Mesara-Ebene kommen? Das Meer beiderseits von Kreta ist über 1400 m tief!“

Wiederum nickten die Alten bestätigend. Nun nahm Michaelis das Wort. „Ziehe eine Linie von Südosten nach Nordwesten über Deinen Sitzplatz. An dem einem Ende der Linie ist der Nil. Ihm gegenüber ist der Po. Wenn Du es nicht mehr im Kopf hast, dann sieh auf der Karte nach. Der Nil ist erster Punkt bei Alexan-dria. Der Pol gibt den zweiten Punkt bei A-dria. Dann ist das Zentrum der drei Kreta als dritter Punkt. Für die Ägypter war das die Linie Blau-Grün. Das ist die Linie A – I, welches Zentrum des Beginns bedeutet. Wenn Nil und Po Endpunkte sind, dann ist ihr Verbindungspunkt wieder Beginnpunkt.“
Die Alten nickten und Michaelis fuhr fort:“ Fließt auch Wasser unsichtbar unter den Flüssen? Du wirst dies bejahen müssen. Kommt Wasser in einer Röhre nach langer Strecke und großer Tiefe wieder auf seine Einfüllhöhe? Du wirst ja sagen müssen. Wenn Wasser unter Land fließen kann, dann kann es auch unter Wasser unter Land fließen. Fließt es so, dann kommen hier auf Kreta die Wasser gegeneinander und nach oben. Warum sollten die Alten sonst diese Linie überliefert haben?“
Die Alten nickten bestätigend und nun lachten sie.

Landmarken

Der Kopfstein von Matala, angefertigt 142 ° = 10665 v. 0

Lochsteine können in verschiedenen Formen vorkommen. Dieser Lochstein hat Kopfform und einen Durchmesser von 3,80m = 3,952 mino m = Bewusstsein des rationalen Prinzips des Menschenlebens oder der 52.
Der Kopfstein ist ein Blickfang ersten Ranges. Wer einmal von seinem Blick gefangen wurde, muss immer wieder hinschauen.
Seine Nase bildet nach oben einen Halbkreis und nach unten ein angeschnittenes Dreieck und ein ebenso angeschnittenes Rechteck. Das Darstellungsauge ist ein Rechteck und das Planauge ein Dreieck (nach heutiger Himmelsrichtung).
Sein oberer Abschluss zeigt den Gipfelverlauf des Mavri Ida.
Achsenrichtung über Gipfeljoch Mittelpunkt führt zum Schriftsystem Charakas.
Der Charakasberg trägt das Sonnensystem in Schalenform, bei welchem die Welt / Erde mit A gekennzeichnet ist.
Der Charakasberg zeigt die gleiche Kreisform wie der Kopf, jedoch zwanzigmal größer. Der Berg liegt etwa zwei Kilometer von dem Kopf entfernt.
Etwa 20 Kilometer von dem Kopf entfernt liegt in gleicher Richtung der Fuß des Mavri Ida.
Auf dem Wege dorthin findet sich immer noch in der gleichen Richtung die Systeme Kopragephala (Schlangenkopf) und Karamanu (der Hügel des Tanzes).
Der Kreis über dem Kopf ist ein 18 Eck, der Winkel bis zum Mittelpunkt beträgt 20°.
Aussage von 20 ergänzt durch 18 = Vollständigkeit des Lichtes der Verbindung.
Der Gipfelabstand des Kopfes ist 0,87 m.

Damit steht er zum Äquator wie 1 : 45977011 = Wissen der Menschen über das rationale Prinzip der Erde im vollständigem Wissen der Erde und der Nacht.
Matala ist Südpunkt der Insel = mütterlich = Nacht. Das Charakassystem zeigt die Planeten wie z.B. Saturn am Nachthimmel. Das Kopragephala – System zeigt den Vollmond und die Venus in Verbindung mit den Sonnenaufgangspunkten der Gleichen = Nachtende.
Mavri Ida ist der schwarze, mütterliche Ida = Nacht und auch der Tanz ist rationalisierte Emotionalität = Nacht.
Der Kopfstein von Matala ist mit den berühmten Olmekenköpfen Mittelamerikas zu vergleichen.
Ist beim Kopf von Matala die Halbkugel nach hinten gekippt, so erscheint sie beim Olmeken - Stein als Auflage.
Dieser Stein aus Mittelamerika kann klären ob Amerika nach Vespucci benannt wurde oder nach Americo. Im Minoischem heißt Amerika. „ Zentrum der Tagesseele".
Amerika ist der einzige Kontinent, welcher der Länge nach von der arktischen Zone bis in die antarktische Zone reicht. Somit wäre der Name berechtigt. Geschichtsmanipulation oder das passend Machen ist für den europäisch – christlichen Bereich eher die Regel denn die Ausnahme.

Zeichnung: Das Urmodell des Diskus (Karamanu)

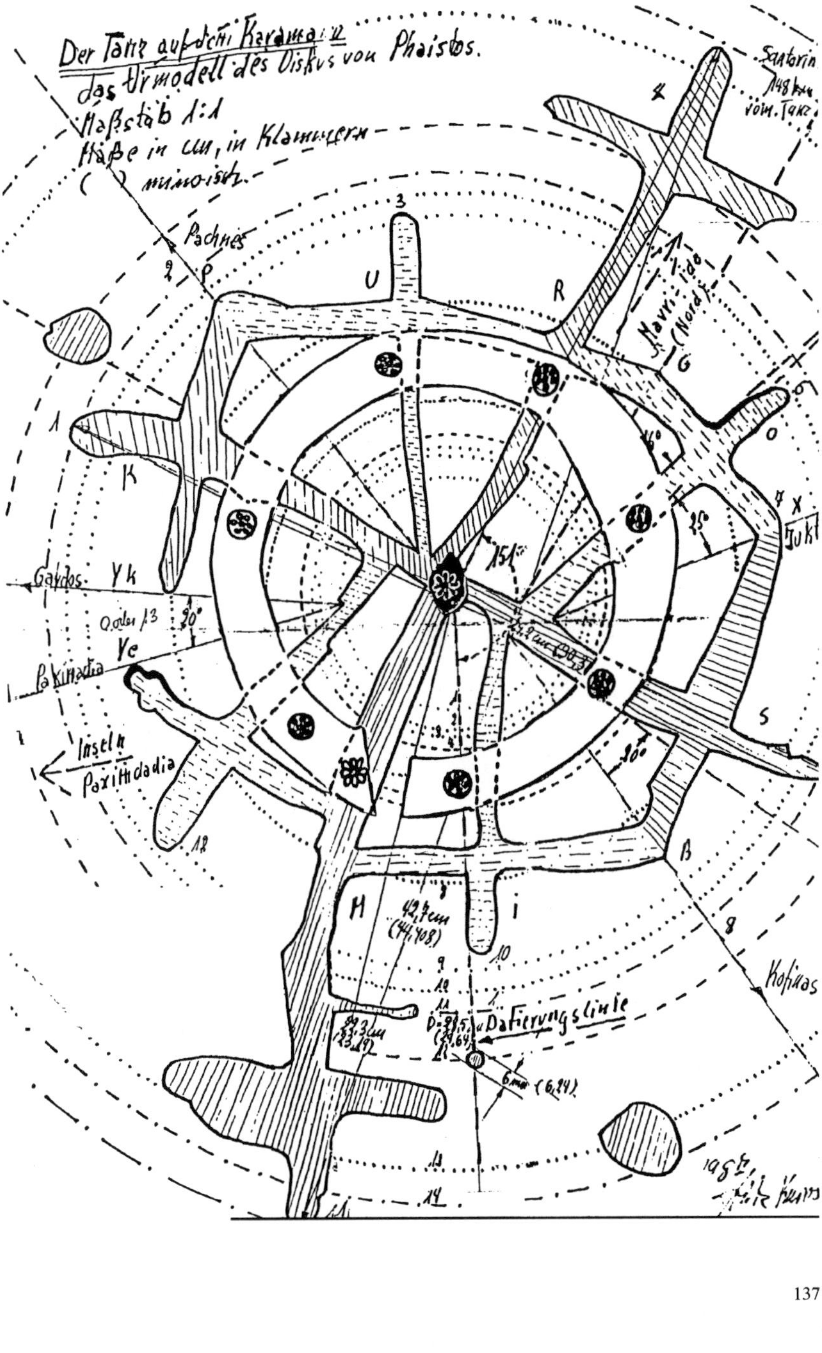

Der Diskus ist entziffert und weitere Ergebnisse aus dieser Arbeit sind:

Das Minoisch – Atlantische Alphabet

Die Minoische Sprache

Die Minoische Numerologie

Der Minoische Kalender mit seinem Nullpunkt vor über 600.000 Jahren

Die Sonnenpulsation als kosmischer Zeitgeber und Grundlage aller vorchristlicher Kalender

Grundlagen des Pyramidenbaus in Formeln und Ideologien

Somit wäre die Grundlage gegeben, 2000 Jahre „Moderne“ und ihre Ergebnisse zu überprüfen.

Der Diskus stellt die Dummheit des Menschen als Konstante heraus, die durch den Logos gleich: Darstellung der hohen Erde - zu überwinden ist!